Charles de Rémusat

De
la Centralisation
en France

Essai

ISBN : 978-1544642994

10   9   8   7   6   5   4   3   2   1

Charles de Rémusat

De
la Centralisation
en France

Essai

Table de Matières

Introduction

Bien différente de la vertu, dont on a dit qu'elle est louée et qu'elle meurt de froid, la centralisation est fort critiquée et elle prospère. Rien n'indique en elle souffrance, misère, inanition, et cependant elle ne s'entend guère nommer sans plainte et sans reproche. Plus d'un livre et plus d'un bon livre, un excellent surtout, celui de Tocqueville, a servi à dresser contre elle l'acte d'accusation dont on répète partout les articles, mais elle ne s'en porte pas plus mal ; elle va son train, elle gagne du terrain, elle croît en activité et en énergie, quelquefois de l'aveu et avec le concours de ceux qui en médisent. On n'en soutient pas moins qu'elle est un grand mal ; on parle de la restreindre, sinon de la supprimer. Ce n'est pas à sa gloire que tournera la conclusion lointaine de l'*Histoire de la liberté politique en France*, de M. de Lasteyrie. M. Duvergier de Hauranne ne lui épargne point sa part dans les revers de nos institutions re-présentatives. Ce n'est certes pas pour la recommander au pays que M. Béchard a savamment écrit sur le *Droit municipal dans l'anti-quité*, et M. de Larcy recherché avec une sagacité curieuse quelles réformes auraient pu sauver la monarchie de quelques-unes des *vi-cissitudes politiques de la France*. Enfin ces jours derniers, dans un livre mélangé qui, sous le titre de *Varia*, s'écrit en province avec beaucoup d'indépendance et d'esprit, je trouvais un morceau vif et sérieux qui propose un nouveau système de restauration des libertés provinciales. La clameur est donc forte, et elle n'est pas d'hier ; peu s'en faut qu'elle ne soit unanime. Elle ne l'est pas pour-tant : *Etiam si omnes, ego non*, a dit un écrivain distingué, dont les ouvrages, difficilement populaires ne peuvent être négligés que de ceux qui ne les connaissent pas.

M. Dupont-White est en effet de ces auteurs qui ne sont appréciés que de leurs lecteurs, tandis que d'autres sont admirés sans être lus. La vogue et la célébrité leur viennent d'elles-mêmes. Il y a dans leurs idées et leur talent je ne sais quelle facilité accessible qui leur gagne les esprits, dispense de les étudier pour les comprendre, et leur vaut des preneurs gratuits et des disciples tout faits. Tel n'est pas M. Dupont-White ; sa manière n'a rien de banal, mais rien d'attirant. C'est un esprit élevé, difficile, un peu dédaigneux, qui, fuyant les traits communs, les formes vulgaires, aime mieux satis-

Charles de Rémusat

faire sa raison que le public. Très sincère dans ses opinions, il les aiguise avec art et se plaît à les présenter par la pointe. Il ne craint pas d'étonner, cherche la vérité sans négliger l'effet, et ne semble sûr de son originalité que lorsqu'il touche au paradoxe. Sa manière est tranchante, familière, cavalière, et cependant artificielle et travaillée. Il joint à la verve la recherche, les tours épigrammatiques aux abstractions sévères, et son style rude et brillant, hérissé de mots scientifiques et de piquantes rédactions, ressemble à la conversation d'un homme de beaucoup d'esprit qui ne s'adresse qu'à des auditeurs intelligents et veut faire penser ceux qui l'écoutent. Il montre dans son livre beaucoup d'admiration pour Montesquieu, et il pourrait bien comme lui s'être attaché, pour éviter l'ennui sans manquer à la gravité, à relever la monotonie des considérations générales par l'originalité d'un talent individuel. Des écrivains s'effacent dans leur œuvre. Montesquieu n'est pas de ceux-là ; sans jamais parler de lui, il se montre partout. Quand on l'a lu, il semble qu'on le connaisse ; avec l'esprit des lois, il vous donne le sien. L'ouvrage de M. Dupont-White produit une impression un peu analogue. Il y a un homme dans ce livre, on le sent, on le voit, et l'on voudrait discuter avec lui, sans espérer beaucoup de réussir à le persuader.

Les qualités que nous indiquons, quelque éminentes qu'elles soient, ne sont pas de celles qui assurent le plus aux ouvrages d'esprit la commune faveur ; peut-être faudra-t-il du temps pour que le nom de l'auteur prenne dans la controverse politique toute la place que mérite son talent. Nous lui savons gré de ne pas trop courir après le succès, de n'écouter que sa raison quand il pense et son goût quand il écrit. Plus il a de penchant pour la démocratie, mieux il fait de ne pas la flatter en *démocratisant* son style, et ce dédain de la popularité de la forme ajoute à l'estime que nous portons aux convictions comme à la personne de l'écrivain. Tel qu'il est, c'est un véritable publiciste, digne de discuter avec les plus sincères et de se mesurer avec les plus habiles.

Dans un premier ouvrage, qui a rencontré ici même le plus savant appréciateur,[1] M. Dupont-White, partant de la foi en un progrès général de l'humanité, s'est demandé quel était, de l'individu ou de l'état, l'agent le plus énergique, le plus actif et le plus nécessaire de

1 *Du Progrès dans les Sociétés et dans l'État*, par M. Littré. *Revue* du 15 avril 1859.

ce progrès. Ayant devant lui une doctrine qu'il a nommée l'individualisme, qui attend beaucoup de l'individu, et n'exige pour lui de l'état que sûreté et liberté, il a soutenu une thèse toute contraire qui, espérant plus de la société représentée par l'état que de l'individu, s'expose volontiers au nom de socialisme. Le mot n'effraie pas autrement M. Dupont-White ; mais, sans l'accepter ni le craindre, il se bornait, dans son premier ouvrage, à montrer que non-seulement les progrès de la société agrandissaient le rôle de l'état au lieu de le réduire graduellement à un pouvoir négatif, mais encore que le développement de la notion de l'état et de son action était tout à la fois un avantage pour l'état et pour l'individu, une source autant qu'un signe de progrès au point de vue de la justice et du bonheur. M. Dupont-White est donc un libéral qui s'est rangé parmi les défenseurs de l'état, au risque de s'y trouver dans la compagnie de Louis XI, de Richelieu, de Louis XIV et de Napoléon.

C'était toucher de bien près à la question de la centralisation, et dans son nouvel ouvrage il s'est décidé à l'appeler par son nom et à prendre en main la cause de cette cliente peu abandonnée, qui, riche en parents et en époux, n'a rien de commun avec la veuve et l'orphelin. En écrivant ces paroles, hâtons-nous de repousser tout soupçon de vouloir assimiler à un degré quelconque un esprit indépendant, qui prend la vérité où il la trouve, avec cette race d'écrivains qui ne la cherchent jamais que du côté du plus fort. L'histoire, la réflexion, l'observation ont fait tous les frais des convictions du penseur qui nous occupe. Dans la centralisation, il ne voit qu'un grand fait, qu'une force sociale. S'il la soutient, il ne soutient certes pas tous ceux à qui ce fait peut profiter, ou qui exploiteront cette force. Il n'est pas une ligne de son ouvrage qui indique le moindre désir de plaire à quelqu'un ou de servir à quelque chose qui ne fût pas la France, la France d'hier comme celle de demain, et il laisse entrevoir de tout autres desseins que celui de s'accommoder au temps et de suivre la fortune. Il est vrai que, rencontrant du côté de sa thèse à peu près tous les gouvernements que nous avons traversés, il ne regarde ni comme insignifiante, ni comme fortuite, cette constance des événements à pousser le pouvoir dans la même direction, et se résigne, quoi qu'il en coûte, à soutenir les choses sans les personnes. C'est *quoique* et non *parce que* qu'il se trouve adopter un thème habituellement officiel. L'unité de la

Charles de Rémusat

France contre le démembrement local et la prédominance de l'état sur les particuliers, voilà pour lui la centralisation ; le reste est par accident.

Même dans ces termes, il nous est impossible de ne pas marquer notre dissidence. Nous croyons à la force de la centralisation, nous admettons qu'à certains égards elle n'a pas atteint son terme, nous voyons qu'elle est chère à tous les gouvernements sans distinction et commode au pays sous certains rapports : c'est pour cela que nous ne comprenons pas le besoin de la défendre. Dès qu'une grande puissance se montre, c'est de ses abus et de ses excès qu'il faut se préoccuper. Obligés de tolérer, de concéder beaucoup de centralisation, notre souci est de parer aux dangers qu'elle peut avoir, et de chercher surtout ce qu'on peut lui reprendre, lui soustraire et lui opposer. Nous ne différons guère sur les faits avec M. Dupont-White, mais ce qui le rassure nous alarme. Il regarde couler le fleuve avec complaisance, et nous demandons où sont les digues.

Section I

Il y a trois manières de justifier la centralisation en France, par la philosophie politique, par l'histoire, par l'observation de l'état présent du pays et généralement des sociétés modernes. Disons sur-le-champ que de ces trois points de vue le dernier est celui qui nous rapproche le plus de l'auteur. Les choses nous paraissent à peu près comme il les voit. C'est la comparaison des avantages et des inconvénients qui nous divise, peut-être parce que nous ne sommes pas d'accord sur la philosophie et sur l'histoire. Il suit que nous serions peut-être moins séparés dans la pratique, à quelques restrictions près, que dans la théorie. Il n'est pas rare, au reste, que les partis diffèrent moins que les écoles. Ainsi qu'on est conduit au même point par des chemins divers, la même résolution ne suppose pas toujours les mêmes motifs, des arguments très variés produisent une conclusion identique, et surtout des théories qui ne se ressemblent pas amènent des esprits de toute sorte à une semblable politique. Un parti est autre chose qu'une secte ; il ne joue un rôle dans le monde que lorsqu'il est multiple dans ses éléments, et qu'il coalise pour un certain but une multitude assez disparate de sentiments et d'idées. Quand on veut la liberté individuelle, la liberté religieuse, la liberté de la presse, la liberté de la tribune, la responsabilité dans le gouvernement et l'indépendance de la justice, on est du parti libéral ; mats on peut disputer entre soi sur les raisons qu'on a d'en être. Qu'a-t-on d'ailleurs de mieux à faire que de s'exercer l'esprit ?

La philosophie politique a paru tendre à de certaines heures à supprimer, ou peu s'en faut, le gouvernement. Témoins sévères des fautes ou des méfaits de certains pouvoirs, las de leur obstination à méconnaître, à négliger, à contrarier le vœu ou l'intérêt général, des publicistes ont érigé en système un mécontentement fondé, et, jugeant de l'arbre par ses fruits, ils ont proposé de l'arracher, même ils ont douté qu'il fût à propos d'en replanter un nouveau. S'ils n'ont pas toujours osé regarder le gouvernement comme une superfluité dangereuse, ils ne l'ont accepté qu'à titre de mal nécessaire, et, forcés de le souffrir, ils ont conseillé de le traiter en ennemi. À leurs yeux, tout ce qu'on pouvait lui enlever était de bonne prise. Jamais il ne pouvait être trop faible, trop intimidé, trop décrié. Parce qu'une société qui se conserverait absolument livrée à elle-même serait plus parfaite, on a jugé que la société réelle serait d'autant mieux organisée qu'elle le serait moins. Ce sont surtout les économistes qui ont résolu la question du meilleur gouvernement par une négation. L'ingérence souvent malheureuse de l'administration dans les matières de commerce et d'industrie leur a donné en toute chose une mauvaise idée de la réglementation. Partout où ils l'ont reconnue, ils l'ont proscrite ; or, partout où le gouvernement met le pied, il réglemente. Leur doctrine a pour elle des autorités respectables, celle entre autres de l'auteur du *Traité des Harmonies économiques*.

Quoi qu'on pense du système, on avouera qu'il n'a pas fait chez nous de grands ravages ; le pouvoir n'y manque de rien. Cependant la théorie qui, par réaction, irait jusqu'à dégrader ou même annuler le gouvernement n'en serait pas moins fondée sur une erreur grave, celle de supposer un antagonisme fondamental entre le pouvoir et la société. La société n'a son existence, ou du moins la garantie de son existence, que dans l'état, et les coups qui frapperaient l'état retomberaient sur elle. On a raison de penser que l'homme sans la société est une triste chimère, et que la société sans autre gouvernement que sa raison et sa vertu est une noble chimère. La cité de Dieu elle-même n'est ni sans loi ni sans maître, tant Aristote a eu raison d'appeler l'homme *un animal politique*. Toutefois si les fautes des gouvernements ont produit cette thèse excessive qui de leur perversité conclut à leur anéantissement, il faut prendre garde que la thèse opposée ne soit exagérée par la crainte des maux de l'anarchie. Hobbes s'est formé au spectacle des révolutions. On a pu d'un côté penser trop de mal des gouvernements, de l'autre on doit éviter de penser trop de mal des hommes, ce qui est beaucoup plus grave ; car si les gouvernements sont mauvais, on peut aviser à en faire d'autres ; si ce sont les hommes, il n'y a plus de remède. Qu'est-ce en effet que les gouvernements sinon des hommes qui en gouvernent d'autres ? Il est convenu qu'on doit faire grand cas de la logique de Hobbes. Je ne demande pas mieux que de l'admirer ; si cependant le fond de l'humanité est un état de guerre de tous contre tous, si l'homme est un loup pour son semblable, la création du pouvoir politique n'y changera rien : seulement quelques loups seront mieux armés que d'autres. Dans la guerre perpétuelle, certains combattants seront investis à demeure du droit du plus fort. Puis, quand la multitude sera devenue une personne, et qu'à ce titre elle s'appellera l'état, ce sera bien en effet un *Léviathan*, c'est-à-dire un corps monstrueux et redoutable, car d'où lui viendrait alors l'idée de la justice si elle ne l'avait déjà ? Et si elle a d'ailleurs l'idée de la justice, l'humanité n'est pas faite comme on l'a dit. Nous n'avons garde d'imputer le pur hobbisme à l'auteur d'un livre où respire la haine du pouvoir absolu. Ce n'est pas M. Dupont-White qui irait offrir sa doctrine, comme une arme à toutes fins, soit à Cromwell, soit à Charles II, indifférent sur le despote, pourvu qu'il ait le despotisme. Il se défend de porter contre l'humanité une sentence dégradante, et nous lui donnons acte de sa protestation ; mais s'il ne parle pas comme Hobbes de la grande société, je crains bien qu'il ne soit aussi sévère pour la petite. S'il ne croit pas à l'état de guerre général, il croit à la guerre locale. Quand les hommes se rapprochent, ils sont des loups ; la distance seule en fait des anges. L'égoïsme règne dans le cercle étroit des choses particulières et présentes ; la conscience se relève sur le terrain de la puissance publique, et c'est ainsi que l'homme, très capable de la liberté politique, ne l'est pas de la liberté civile. Celle-ci n'est que *l'égoïsme qui n'a pas de bannière, pas d'idéal au vent*, manière agréable de désigner l'égoïsme sans le bien public et sans le gouvernement.

Je crains fort que ces principes, provoqués évidemment par l'ouvrage de M. Jules Simon sur *la Liberté*, et tendant à condamner l'administration des localités par elles-mêmes sous le nom de liberté civile, ne soient également incompatibles avec ce qui mérite aussi bien ce nom, je veux dire la liberté individuelle dans la vie privée. On ne voit plus comment on pourrait, ainsi qu'on l'avait pensé jusqu'ici, maintenir l'ordre dans la vie civile par la seule répression : si tout a besoin d'être gouverné, la tutelle de l'individu doit être éternelle ; si toute liberté se réduit, comme je l'entends dire, à n'obéir qu'à des lois qu'on a faites, outre que la masse de la société ne sera jamais libre, L'oppression elle-même pourra devenir liberté grâce à son origine, et la tyrannie populairement votée ne sera plus la tyrannie, tandis que le plus grand prix de la liberté politique est d'être la garantie de la liberté civile.

Si le hobbisme est, ainsi qu'on l'a dit, un chef-d'œuvre de logique, on ne peut impunément lui prendre quelque chose sans être accablé sous le fardeau du tout. Quand vous aurez défini le gouvernement *la discipliné qu'il faut à des êtres égoïstes d'une race égoïste, cultivés d'ailleurs par des exemples et des préceptes d'égoïsme, il vous restera peu de terrain pour combattre le despotisme. Toute limite que vous poserez à la discipline qu'il faut sera de pure grâce, une inconséquence généreuse, une généreuse imprudence. Pour légitimer et magnifier le gouvernement, on nous dit que l'égoïsme est un instinct dominateur, maître de l'âme humaine tant que la loi ni le pouvoir n'ont point parlé. Peu s'en faut qu'oubliant vingt passages où le contraire est affirmé, on ne réduise à ce principe de l'égoïsme l'homme individuel. C'est, je ne veux pas dire une tactique, mais une tentation des partisans d'une grande prépondérance de la force sociale sur la liberté personnelle que de flétrir de ce nom ingrat à égoïsme jusqu'aux sentiments qui animent l'homme dans la défense de son indépendance et le soin de sa dignité. Il semble que toutes les fois qu'il n'invoque pas l'intérêt social, le bien de l'état, l'avantage du grand nombre, il n'obéisse qu'à une odieuse personnalité, et l'on réduit ainsi toute la vie sociale à une lutte entre deux forces, l'état et l'individu ; on fait l'un tout dévouement et l'autre tout égoïsme.*

Charles de Rémusat

Cette théorie est commode pour la discussion, mais est-elle exacte ?
Si l'homme en lui-même n'est juste, bienveillant, généreux, moral
qu'autant qu'il est gouverné ! comment le deviendrait-il dès qu'il
serait gouvernant ? Par quel miracle la lumière lui arriverait-elle,
avec le pouvoir, et quelle chance que l'égoïsme l'abandonnât, parce
qu'il acquiert plus de moyens de le satisfaire ? L'histoire n'a point
prouvé que l'humanité devînt nécessairement meilleure en devenant
plus puissante. Si l'homme est avant tout dominé par la passion de
tout sacrifier à lui-même, la situation est désespérée. La société est
un bois où se déchirent des animaux sauvages, et tout gouvernement
est la cour du lion.

Le vrai, c'est que ni la société ni le gouvernement ne sont aussi
radicalement détestables, parce que l'homme n'est pas aussi essentiellement mauvais. Tout est faible, imparfait, passionné même et
violent. L'individu a besoin de la société, de la loi, du pouvoir : il n'a
pas trop de tous ces appuis et de tous ces freins ; mais le pouvoir,
la loi, la société ont encore plus besoin de la nature humaine. Si
la raison et la conscience n'existaient pas, ce n'est aucun gouvernement qui en ferait la découverte, et où trouver la conscience et
la raison, si ce n'est dans l'homme qui fait les lois et les gouvernements ? Que le socialisme ne dise pas tant de mal des individus :
après tout, la société en est faite.

On pourrait croire que ce n'est là qu'une question de métaphy-
sique, et qu'à la pratique on s'accorderait. Je le crois, grâce à l'inconséquence. Un certain nombre de vérités sont devenues de
droit commun, qui sont plus fortes que tout système. Personne, je
suppose, n'oserait décréter la suppression de la liberté religieuse ;
qu'est-ce cependant, si ce n'est pas une liberté civile, même une
liberté individuelle ? Le corps politique n'en a que faire, et même
l'unité religieuse lui conviendrait mieux. Aussi, là où cette unité
existe, un socialiste conséquent aurait-il grand'peine à s'en dépar-
tir ; la prudence comme la foi le mettrait du côté de l'intolérance.
Comment la religion de l'état ne serait-elle pas la meilleure ? Et si
elle est la meilleure, pourquoi l'exposer à la concurrence de l'erreur,
aux attaques de l'hérésie, c'est-à-dire de la religion de l'égoïsme ?
Mais n'entendons-nous pas tous la voix de la conscience qui nous
crie que ce sont là des maximes nulles de plein droit ?

Je suis avec les défenseurs de l'état contre ceux qui le nient, le minent ou l'avilissent ; mais à ceux qui ne s'effraient pas du mot de socialisme, il faut bien dire que le mot d'individualisme ne me fait pas peur, et que sans manquer à la majesté de la loi, sans rien contester à l'état de ses droits, et même en donnant à toutes ces choses, loi, état, public, un nom encore plus imposant et plus cher, en les appelant la patrie, je ne suis pas disposé à faire bon marché du droit de l'individu. En un certain sens, je le mets au premier rang, car au fond c'est pour lui que tout tourne en ce monde, et il est la raison dernière de la société.

« Pour moi, disait un grand docteur de l'église,[1] la sanctification de la personne du monde la plus pauvre et la plus vile me paraît quelque chose de plus grand que les établissements ou les renversements des empires. » Cette parole n'est pas seulement une pensée toute chrétienne ; elle exprime dans les termes mystiques ce qui est vrai aussi pour une libre philosophie, c'est que rien n'est sacré en ce monde à l'égal de la créature humaine. Mérite, dignité, moralité, liberté, tout ce qu'il y a de saint ou d'auguste, où le trouver sur la terre hors de l'être qui a conscience de toutes ces choses, et qui, par là même, seul les possède et les représente ici-bas ? Nous ne sommes point dans l'école de Platon, et je n'en voudrais pas parler le langage ; mais enfin on accordera bien que l'homme seul en ce monde est un droit vivant, et qu'il n'y a rien de Dieu sur la terre, si ce qu'il y a de plus divin n'est pas en lui.

Je me hâte d'ajouter que ce temple de Dieu est bâti d'argile, que l'homme laisse s'effacer en lui les divins caractères, qu'il abuse de ses facultés même pour rabaisser sa nature, qu'il n'est souvent que faiblesse, misère, brutalité. Nos erreurs et nos fautes n'ont pas besoin qu'on les rappelle, et de plus il est trop vrai que, par une disposition impénétrable de la Providence, les hommes jetés à profusion sur ce globe semblent en grande foule condamnés à y végéter bassement et à s'y perdre dans la nullité. Il ne faut pas faire les choses plus belles qu'elles ne sont ; mais, quelles qu'elles soient, la société et tout ce qu'elle comporte n'auraient aucune valeur, aucun but, aucune raison d'exister, si, au lieu de servir à soutenir et à relever l'individu, cet ordre si compliqué n'aboutissait qu'à l'annihiler, le dégrader, si l'individu n'y trouvait pas au contraire un champ pour déployer toute l'énergie et toute la dignité de sa nature. Que par

---

1 Arnauld.

Charles de Rémusat

impossible une société constituée dût faire les plus grandes choses du monde dans la guerre, dans l'administration, dans les arts, en réduisant les personnes à la condition des races esclaves, qui voudrait de ses gloires et de ses pompes à ce prix, et qui ne trouverait que le but a été sacrifié au moyen ? Ce cas extrême et forcé n'est cité que pour montrer la vraie grandeur d'une nation dans celle de ses citoyens. Quand les hommes sont fiers de leur patrie, c'est qu'ils croient mieux valoir par elle, c'est que ses institutions donnent un noble cours à leur activité, c'est qu'un rayon de sa gloire tombe sur chacun d'eux. En se dévouant pour elle, c'est encore à leur honneur individuel qu'ils sacrifient.

Ceci n'est donc pas dit pour insinuer que l'état ne fasse rien, ne puisse rien pour la dignité comme pour le bonheur des individus. Tout au contraire ; on n'en veut conclure qu'une chose, c'est qu'en dernière analyse, le bien de l'individu (et le bien ici n'est pas seulement le bien-être) est l'objet et la raison de l'association, de tout ce qui la constitue, la conserve, la fortifie, la décore. C'est en ce sens que toutes ces qualifications d'individualisme et d'égoïsme ne doivent pas empêcher un esprit ferme et vigoureux de tout subordonner, sous certains rapports, à l'homme même, et en ce sens de ne considérer le tout qu'à raison des parties.

Bien des parties dans le tout le mieux organisé seront brisées, cela va sans dire. Ces âmes dont la langue même de la statistique compose nos populations ne sont pas toutes, dans les pays les plus avancés, destinées à recevoir dans sa plénitude l'éducation qui résulte des institutions et des progrès de l'ordre social. Que d'êtres passent sur la terre sans éprouver, sans connaître à peine l'influence améliorante du milieu politique où le sort les a placés ! Cependant on ne peut nier cette influence ; les effets en sont souvent marqués : le *civis sum romanus* était un mot puissant qui remuait le Romain jusqu'aux entrailles. La nature même de l'homme est modifiée par ses œuvres, et la plus petite de ses œuvres n'est pas un gouvernement. Le droit de l'individu est donc un principe pour tout gouvernement légitime ; le perfectionnement de l'individu un but, ou tout au moins un résultat pour tout gouvernement perfectionné. On insiste sur ces choses si simples, non pour contester la prérogative de l'état, mais pour la déterminer, pour poser une limite supérieure aux prétentions d'une politique gouvernementale qui se donnerait pour unique but la puissance de la nation, ou d'une politique socialiste qui n'en connaîtrait pas d'autre que le bien-être matériel du plus grand nombre. On n'entend déclarer la guerre ni à la société ni à l'état. Ni l'une ni l'autre n'est apparemment l'oppresseur-né de l'individu ; l'une et l'autre lui viennent en aide au contraire, et sa faiblesse est leur premier titre à l'existence. Il n'est pas très facile, et il est parfaitement superflu de se représenter l'homme en dehors de la société. Dans la plus informe, à défaut d'un gouvernement régulier, se rencontre nécessairement une certaine autorité. Celle de la raison et celle de la force, qui ne sont pas toujours réunies, naissent et se montrent aussitôt que des hommes communiquent entre eux ; mais l'usurpation ne se montre-t-elle pas aussitôt que le pouvoir ? La sagesse, l'équité, l'utilité, la nécessité, sont-elles les caractères uniques ou même dominants du pouvoir qui se développe spontanément dans les peuplades nouvelles ? Heureux gui l'espère et parvient à ignorer que la passion, la violence, et pour le coup l'égoïsme, aient pris une grande part à la fondation de tous les empires ! Nous n'avons pas, nous, peuples issus du moyen âge, des souvenirs de nos origines si chers et si purs que nous puissions, sans une singulière humilité, supposer qu'en des temps primitifs quelque mal ne se soit pas mêlé à quelque bien dans les premières créations de la politique. Le mélange est partout, la lutte est constante : tout n'est pas désintéressement, justice, prudence d'un côté ; tout n'est pas avidité, ruse, envahissement de l'autre. Tout nuit et tout sert en même temps au succès, au progrès. Les diverses forces ont leurs diverses manières d'agir. L'état empêche surtout le mal. Le bien, et particulièrement le bien nouveau, vient plutôt de l'initiative des individus. Les vertus de la famille ne sont pas les mêmes que les vertus de la place publique. Les découvertes dans la science ou la morale ne sont point le fait des gouvernants ni de la multitude. Ce sont en général des hommes isolés qui ont le plus fait pour éclairer l'humanité. Quand par bonheur le pouvoir leur échoit, ils la réforment. Tels sont ces fondateurs que l'antiquité divinise. Ainsi le sens commun n'exclut rien ; il admet à la fois la lutte, le concours et l'harmonie. Toutefois n'oublions pas en principe que ce qu'il y a de plus sacré, c'est le droit de l'individu, et qu'au témoignage de l'histoire, le danger d'usurpation est du côté de la raison d'état.

Charles de Rémusat

Toute formation de la société politique, toute naissance de l'état, toute création de gouvernement est une certaine centralisation ; le mot est nouveau, mais désigne le développement et le dernier progrès d'une très vieille chose. La centralisation est le mouvement par lequel se constitue la force publique. Ce mouvement peut s'arrêter à divers degrés. La société peut être un ensemble de centres de systèmes particuliers qui gravitent vers le centre du système général. La force publique peut compter un plus ou moins grand nombre d'attributions. Lorsqu'on suppose qu'elle a au centre des centres le plus grand nombre d'attributions possible, on dit éminemment qu'il y a centralisation ; mais il est évident que le degré de centralisation est variable : c'est une quantité qui oscille entre deux extrêmes. Il est d'usage de dire qu'elle est à son *maximum* en France, à son *minimum* dans l'Amérique du Nord : l'une est une monarchie unitaire, essentiellement administrative ; l'autre est une fédération républicaine.

Cette dernière forme de gouvernement n'a pas les bonnes grâces d'un écrivain qui, en protestant qu'il ne soutient pas la monarchie, n'a que du mal à dire des républiques. Il prodigue les dédains aux États-Unis, à la Suisse, et, le croirait-on ? à la Hollande, accusée d'être de ces pays qui n'ont *ni ordre, ni justice, ni paix, ni lien social.* S'il s'agissait de défendre les états où le pouvoir municipal s'était saisi du pouvoir politique, les souvenirs reconnaissants qu'a laissés, presque partout où il a subsisté, le règne de ces municipalités puissantes répondraient à de tardives censures. Quant aux confédérations, il me semble que la Suisse n'a pas jusqu'ici trop mal préservé son indépendance et son caractère, et si elle n'a pas l'influence d'un grand état, c'est qu'elle en est un petit. On peut beaucoup dire contre, les États-Unis, et nous en avons la preuve tous les jours ; mais il est difficile de leur contester une politique constante et ambitieuse, une prépondérance assez envahissante, et dans leurs rapports avec l'étranger, avec l'Angleterre elle-même, ils n'ont pas d'ordinaire l'allure incertaine et décousue qu'on semble attribuer à tout ce qui n'est pas grande monarchie administrative. Pour la Hollande, il est difficile de rayer des fastes de la politique le pays qui, après s'être créé contre la plus puissante monarchie du monde, a menacé l'Angleterre jusque dans la Tamise, et fait reculer, autant par sa diplomatie que par ses armes, la royauté conquérante de Louis XIV. À quoi bon d'ailleurs invoquer ici la notoriété historique ? Il ne s'agit point des municipalités politiques ni du gouvernement fédératif ; il s'agit d'une question beaucoup plus simple, celle de savoir si dans les grands états, surtout monarchiques, et particulièrement en France, la centralisation doit s'appliquer également, avec la même rigueur, avec la même intensité, à toutes les parties du service public, et si l'administration locale peut être ou n'être pas profondément distincte de l'administration générale.

Section II

Il a été mainte fois établi que la centralisation française s'expliquait par l'histoire de France ; nous nous répéterions nous-même en y revenant,[1] et quoique M. Dupont-White ait traité ce point avec habileté, et qu'il ait ajouté au fond du système des vues qui lui sont propres, il serait oiseux de les résumer ici, puisque nous lui accordons sans débat que les annales de notre pays sont le tableau d'un effort laborieux et lent vers l'*unification* du territoire, de la nation, du gouvernement, la plus grande et la plus glorieuse campagne peut-être que la centralisation ait jamais faite. Bien plus, elle a été sur le point de triompher avant le temps. Charlemagne, autant qu'on en peut juger, l'avait commencée et comme accomplie, car il était de ces grands hommes dont l'ambition et l'œuvre sont de hâter ou de devancer l'ouvrage des siècles ; mais c'est au temps que les grands hommes ont le plus affaire. En respectant leur renommée, en l'accroissant même, le temps ménage peu leur ouvrage et ne leur pardonne guère de n'avoir pas voulu l'attendre. C'est le temps qui s'est chargé d'opérer à sa manière, c'est-à-dire en y mettant une longue patience, la centralisation qu'un génie vaste et impérieux avait tenté d'improviser.

Ce monde n'est pas l'empire du mal ni du hasard. Tout a donc ses causes et tout a ses bons effets. Le travail d'unité auquel tout en France, pouvoir et nation, s'est livré n'a donc pas été un capricieux accident ; il n'a pas de tout point contrarié, il a secondé sous beaucoup de rapports la marche naturelle de la civilisation. C'est parce qu'il y a des raisons pour tout, et parce que tous les grands résul-

1 Voyez la *Revue* du 15 février 1854 et du 1er août 1856, et l'ouvrage intitulé *Politique libérale.*

Charles de Rémusat

tats ont leurs avantages, que l'esprit se plaît à découvrir les uns, à constater les autres, et finit par approuver tout ce qu'il explique. Je suis porté à un certain optimisme dans le jugement de l'ordre général des choses ; mais je proteste contre l'optimisme historique. Quoique, dans les circonstances données, tout ce qui a réussi dût réussir, tout ce qui a échoué dût échouer, il ne s'ensuit pas que tout soit comme il doit être, qu'il faille souscrire avec allégresse à l'arrêt des événements, et que la fortune puisse être exonérée de toutes les imprécations dont la chargent de temps immémorial la raison déçue et la vertu malheureuse. Au fond, l'optimisme historique est un nom plus décent du fatalisme. Pour avoir vu et montré comment certains faits ont découlé naturellement d'autres faits constatés, on se vante d'avoir surpris à l'œuvre la nécessité. Comme rien n'est moins tentant que de contester avec la nécessité, comme par faiblesse ou vanité nous aimons à nous ranger de son parti, nous nous hâtons de saluer partout cette reine du monde, et, triomphant à sa suite, nous nous croyons généreux dans la victoire d'accorder quelque peu d'estime et de pitié aux honnêtes imprudents qui lui ont résisté ou qui succombent en protestant. Il est rare que la science historique la plus sincère et la plus pénétrante n'ait pas à lutter contre de telles tentations, et qu'elle résiste au plaisir de déclarer inévitables les événements dont elle a retrouvé l'enchaînement, quelquefois même de se donner, en les expliquant les uns par les autres, pour la confidente des vues de la Providence. La suite des faits bien étudiée ressemble à une déduction, et en bonne logique la déduction n'est-elle pas toute-puissante sur notre esprit ?

Ce n'est pas défaire l'histoire de France que de la juger ; ce n'est pas *une nouvelle façon de la lire* que de ne pas trouver merveilleux de tout point qu'elle ait employé tant de siècles à produire un régime dont ceux qui l'admirent le plus célèbrent la destruction comme l'œuvre la plus belle et la plus nécessaire. S'il est difficile d'échapper aux illusions du fatalisme historique, si l'optimisme qui l'accompagne a ses séductions, c'est surtout quand il s'agit de l'histoire de la patrie. Il est très doux de prononcer que le pays a eu raison de faire tout ce qu'il a fait, et que, tout balancé, on est membre de la plus heureuse et de la mieux avisée société du monde. Chose singulière toutefois que cette appréciation soit particulièrement venue à des écrivains fort éloignés de désavouer la révolution française, c'est-à-dire la plus vive, la plus cruelle, la plus solennelle réprobation que jamais nation ait exprimée de son passé ! Il a fallu se montrer bien ingénieux pour sauver cette contradiction dont la grosseur sautait aux yeux. On s'en est généralement tiré en distinguant l'ancienne société de l'ancien régime. Tantôt on a dit que l'une était toute bonne, tout le mal étant du côté de l'autre, quoiqu'il fût difficile d'expliquer comment l'unité, cette chose si grande et si salutaire, faisait tant de bien d'un côté et tant de mal de l'autre, comment une société si parfaite était sortie d'un si mauvais gouvernement, sans nier en même temps l'influence et le mérite de l'état. Tantôt, avec plus d'indulgence ou de résignation, on a partagé également l'éloge et la plainte, et l'on a présenté le gouvernement et la nation comme deux hosties immolées pendant des siècles à cette divine unité qui ne devait se révéler tout entière et s'ériger un temple qu'au grand jour de 1789. Ce n'était pas payer trop cher le bonheur de voir luire un tel jour que de le gagner par mille ans de pénitence. Il n'est pas besoin de remarquer que toutes les solutions analogues de la grande question nationale sont affectées d'une grave conséquence. Si le résultat général de notre histoire est absous parce qu'il est motivé, si le fait s'impose et défie la critique parce qu'il est le fait, ce n'est pas seulement huit ou dix siècles qu'il faut accepter avec la redoutable obligation de les couronner par la révolution française ; c'est cette révolution même avec tout ce qu'elle a consommé, tout ce qu'elle a souffert, tout ce qui l'a suivi ; la nécessité est partout, et comme dans toutes ses phases la précieuse unité s'est maintenue, bien plus comme elle s'est signalée, consolidée, comme la centralisation a plutôt marché de progrès en progrès, tout est justifié, tout est bien. C'est un aveu qu'aucune dialectique n'arracherait, je le sais, à M. Dupont-White, et cependant quand on a, comme lui, dépeint avec tant de complaisance et tant de verve les bienfaits de ce grand règne de Louis XI, il n'en devrait pas tant coûter d'étendre à l'avenir, comme au passé, cette amnistie due à tout protecteur, à tout promoteur de l'unité de la France et de l'état.

Cessons d'argumenter, et reconnaissons, avec ceux qui, pour raisonner autrement que nous, ne sont pas nos adversaires, qu'en prenant les choses en masse, la France a bien fait de sortir du morcellement féodal, et que ce n'est pas un mal en soi, que c'est un bien au contraire, non-seulement pour elle, mais pour le monde, qu'il y ait entre le Rhin et l'Océan une grande nation dont le territoire, la langue, la civilisation, la législation, le gouvernement, l'esprit, aient à un haut degré le caractère de l'unité. Ne contestons pas que souvent d'heureuses circonstances, de nobles efforts, de grands caractères, de beaux génies aient contribué à ce résultat, et que ce résultat à son tour ait contribué à la prospérité, à la puissance, à la gloire de cette nation. En faut-il conclure que cette société ait toujours été bien gouvernée, bien constituée en toute chose, que cette nation, toujours bien inspirée, ait en tout temps donné l'exemple de l'esprit public, qu'en tout temps on puisse juger sa conduite prudente et ferme, ses guides habiles et consciencieux, sa politique excellente, sa législation parfaite, ses institutions admirables, son histoire enfin l'école des rois et des peuples ? Non, assurément. Si l'on me dit qu'on ne peut choisir dans les choses humaines, que le bien et le mal sont indivisibles, qu'on n'a jamais que la sagesse et la vertu qu'on peut avoir, que la géographie physique, ou le tempérament de la race, ou telle autre énumération de circonstances n'a pas permis qu'il en fût autrement, serai-je moins fondé à répondre que la raison et la volonté nous ont été données pour conjurer ces nécessités qu'on dit inexorables ? Comment contester que la venue d'un roi plus généreux, d'un homme d'état plus prévoyant, qu'une résolution prise à propos, suivie avec plus de persévérance, que plus de suite et de fermeté dans les partis, une meilleure ambition dans la noblesse, une fierté plus soutenue dans le tiers, moins de torpeur et d'insouciance dans les masses, que mille choses enfin qui ne sont pas impossibles, car elles ne sont pas contradictoires, pouvaient changer le cours de nos destinées ? Oui, je le confesse à tous nos historiens, je lis avec tristesse l'histoire de France. J'aime et j'admire mon pays ; mais il a été mal gouverné, il s'est trop souvent abandonné lui-même, et, par-dessus toutes choses, il a eu du malheur. Il est grand *quand même*.

Combien d'accidents qui ne sont nullement des causes générales et permanentes provenant de la configuration du sol ou du mélange ethnographique ont contribué à donner à notre monarchie la forme qui la condamnait à périr à la fin du XVIIIe siècle ! Dans tout débat sur la centralisation, on a l'Angleterre dans l'esprit, et on l'oppose en idée à la France. M. Dupont-White n'a pas négligé l'Angleterre, et il en parle avec une singulière estime. Sans qu'il l'ait voulu peut-être, le portrait qu'il trace du caractère britannique présente un contraste fâcheux pour nous. Malgré l'intention bienveillante de ses jugements sur notre naturel national, il n'a pu échapper à la sévérité que tous les défenseurs de la centralisation témoignent en dépit d'eux pour la France. « Le sang des deux peuples, disait le plus grand de tous,[1] n'est pas composé des mêmes éléments ; leur caractère ne saurait être le même : l'un est vain, léger, amoureux par-dessus tout de l'égalité ; on l'a vu à toutes les époques de l'histoire faire la guerre aux supériorités de rang et de fortune ; l'autre a de l'orgueil plutôt que de la vanité ; il est naturellement grave et s'attaque à des abus sérieux, non à des distinctions frivoles ; il est plus jaloux de conserver ses droits que d'usurper ceux des autres, L'Anglais est à la fois fier et humble, indépendant et soumis. Comment donner les mêmes institutions à deux peuples si différents ? » Le jugement de M. Dupont-White est moins leste et plus obligeant ; mais, tel qu'il est, il ne nous laisse pas grande espérance de liberté. Les deux choses qui le rassurent ne nous tranquillisent pas. D'abord il croit que l'Anglais, indépendamment du génie de sa race, a été comme obligé de se rendre libre par l'excès de despotisme qui est résulté de l'avènement de Guillaume de Normandie. Cette tyrannie a eu l'avantage de ne pouvoir être supportée, et le progrès en Angleterre a été de constituer la nation à côté de la royauté. Nous donc, ce qui nous a manqué pour être libres, c'est le despotisme. Hélas ! qui l'aurait cru ? L'autre consolation qui nous est offerte, c'est qu'un peuple qui se montre dans son histoire aussi constamment frondeur que nous, parfois même mutin et séditieux, ne pouvait être destiné à la servitude politique. Que faire, si même le tempérament insurrectionnel ne nous a servi de rien ? Je crains que le despotisme continu qui ne se fait que haïr n'enseigne point à être libre, et que le goût de la révolte ne soit pas l'ambition de se gouverner. Il faut donc puiser nos espérances à d'autres sources et rattacher à d'autres causes la différence de destinée politique entre deux nations si voisines, et qui ont tant de rapports, car, malgré tout, les Français ont eu depuis trois siècles plus de points communs avec les Anglais qu'avec les Espagnols ou les Allemands. Entre autres choses, on pourrait dire que l'Angleterre n'a pas été mise, comme la France, au régime des grands vassaux,

1 *Opinions de Napoléon*, par un conseiller d'état.

Charles de Rémusat

et que la royauté de Londres n'a pas été condamnée à guerroyer si longtemps pour composer son royaume. Conquis et formé en une fois, il n'en est pas moins devenu à plusieurs reprises dans la guerre civile le prix de la victoire ; mais, disputé entre des ennemis plus faibles, il n'a pu l'être au mépris des griefs ou des vœux de la nation. Tout le monde a eu besoin d'elle pour être quelque chose. La noblesse disséminée dans un petit pays, séparée du peuple par des privilèges moins exorbitants, s'en est rapprochée peu à peu, et sans qu'on puisse aisément dire quand ni comment le vasselage des vilains a disparu dès le xiiie siècle. Obligés de compter avec elle et de se maintenir entre les partis, ces rois normands eux-mêmes, si rudes parfois dans leurs allures, n'avaient jamais eu la prétention de régner sans consulter personne, et de tenir le public en dehors de tout. Il y a eu de bonne heure en Angleterre, il y a subsisté constamment, au centre une délibération, dans le pays un droit commun. Des nobles moins haïs et moins puissants s'unissaient pour se défendre ou s'appuyaient sur le peuple, et offraient moins de prise à la royauté, qui ne trouvait point partout des tyrannies particulières à détruire, des masses à séduire par la substitution de l'uniformité dans l'arbitraire à des oppressions multiples. Sa volonté n'apportait pas la loi avec elle, mais la trouvait toute faite et résistante ; rarement elle pouvait s'armer contre les mécontents et les ambitieux de la faveur de l'opinion. C'est pour avoir eu cet appui que les Tudors ont tant approché le despotisme ; c'est faute du même appui qu'en prétendant au despotisme, les Stuarts ont valu au pays une révolution féconde. La royauté française au contraire, obligée par instinct et par position à une lutte perpétuelle contre la féodalité, qui nulle part, je crois, n'a été plus haïe, a presque toujours passé pour meilleure que son ennemie. Libératrice à l'encontre des tyrannies particulières, elle a pu se montrer usurpatrice contre les résistances particulières. Elle a fait passer pour promotion civique l'honneur d'être sujet du roi, parce que sa politique a été naturellement niveleuse et portait partout avec elle cette uniformité qui ressemble à l'égalité ; mais était-ce bien l'égalité véritable, c'est-à-dire la justice pour tous ? Cette espérance de protection qui accueillait partout la royauté victorieuse a-t-elle été souvent justifiée ? Que signifie ce gémissement éternel du pauvre peuple qui retentit par la voix du tiers à toute assemblée de notables ou d'états-généraux ? Je vois bien que la bourgeoisie invoque toujours la royauté : lui rend-elle jamais grâce ? Faut-il donc féliciter nos pères de cette illusion tenace qui leur a fait attendre d'en haut ce qui n'en est jamais descendu, et tendre la main quand il fallait lever le bras ? Pourquoi donc nous tant réjouir qu'aucune résistance n'ait tenu bon, qu'aucune franchise locale n'ait subsisté devant l'invasion de la souveraineté administrative, qu'aucune liberté centrale n'ait pu se créer pour diviser au cœur l'unité du gouvernement ? Tout a plié, du consentement de tous, je le veux ; mais il n'y a pas de quoi se vanter, et la faute en est aux hommes, aux classes, aux corps, aux événements. Partons, puisqu'on le veut, du règne de Louis XI : qui nous persuadera qu'il fût nécessaire que ses deux successeurs se missent en tête leur agrandissement en Italie ? Cette politique toute personnelle a toujours passé pour une fantaisie de batailleurs. Où était l'impossibilité qu'il échût alors à la France des rois administrateurs, aimant, je ne dis pas la liberté, mais l'ordre, la règle et la réforme ? Tout gouvernement qui ramène ainsi l'attention du pays sur lui-même et concentre l'activité nationale à l'intérieur est obligé bientôt de régulariser son autorité et de développer nécessairement autour de lui un certain esprit public. Je regarde la maison de Valois comme un des grands fléaux qui soient jamais tombés sur une nation, et pour comble de malheur les troubles de religion, qui en Allemagne, en Angleterre, produisirent plus d'un utile résultat, ne causèrent que du mal en France. Ils absorbèrent la royauté dans les soins d'une lutte continuelle où elle ne montra ni discernement, ni justice, ni loyauté, ni fermeté, ni prévoyance, et où succombèrent sa conscience et son honneur plus encore que son autorité. Ils confisquèrent au profit de la réforme la meilleure et la plus digne partie de la noblesse française, celle qui semblait la plus propre à montrer une civique indépendance, comme ils neutralisèrent pour le bien public un corps aussi éclairé, aussi naturellement modérateur que le clergé, condamné désormais à ne plus connaître d'autre intérêt que le rêve odieux et funeste de l'extirpation de l'hérésie. C'est de l'époque de la ligue que le clergé a cessé d'être un corps politique pour devenir peu à peu une corporation particulière. La bourgeoisie divisée, irritée, intimidée par la guerre civile et religieuse, Paris surtout envahi et dominé par le fanatisme, ont perdu pendant plus d'un quart de siècle

Charles de Rémusat

presque tout ce qui leur restait de puissance ou de volonté pour le bien public. C'est encore plus la lassitude ou la corruption des partis qu'un énergique retour de raison nationale qui facilita le juste avènement de Henri IV. Il serait ridicule de faire de ce grand prince un fondateur constitutionnel ; mais on peut voir dans l'instructif ouvrage de M. Poirson avec quelle habile modération, avec quelle hauteur de vues il tâcha d'introduire dans l'administration ces garanties de justice, ces ménagements du droit, ces moyens de défense pour les intérêts légitimes, qui limitent et corrigent l'absolu pouvoir. Il voulait gouverner régulièrement et régner dans l'ordre. Pourquoi rien de semblable après lui ? pourquoi une régence, pourquoi une Marie de Médicis et un Louis XIII ? Ce n'étaient pas là des événements nécessaires, c'étaient des accidents particuliers qui entrèrent pour beaucoup dans la possibilité et l'à-propos du gouvernement d'un Richelieu. J'ai ailleurs distingué la politique étrangère du cardinal de sa politique intérieure, la première si supérieure à la seconde, qu'elle a couverte par son éclat. Quant à celle-ci, ceux qui l'approuvent sans distinction, qui l'admirent sans choix, tombent précisément dans l'erreur la plus grave et la plus habituelle dans notre pays, celle de ne penser qu'à une chose à la fois, et je suis bien aise et peu surpris qu'ils n'aient pas Montesquieu pour eux. Tout ce qu'on peut dire contre l'administration de Richelieu retombe sur le règne de Louis XIV. Avec lui encore, le bruit, l'éclat, l'effet dramatique des choses de guerre et de diplomatie, servirent puissamment à préoccuper et à distraire une nation qui ne sait pas veiller à tout, et chez laquelle rien n'avait développé la spontanéité et l'initiative individuelle. En finissant, la monarchie de Louis XIV ne laissait à personne la confiance dans sa durée ; on sait le reste, et nous n'écrivons pas pour ceux à qui il faut montrer comment la révolution française est devenue nécessaire. On ne saurait donc féliciter indistinctement notre pays des événements les plus décisifs de sa destinée. Nous le félicitons, nous le louons d'avoir, à travers tant d'obstacles, de contrariétés, de disgrâces, sauvé nombre de bonnes et belles choses, les talents qui le distinguent, les vertus qui lui sont propres, sa constitution civile, la gloire de ses armes et de sa littérature, enfin cette force vivace, inextinguible, avec laquelle il revient de tout, se relève après tous les revers, se ranime après tous les abattements, et demeure obstinément l'étonnement et l'inquiétude du monde. Comment le louer au contraire d'une destinée sociale qui lui a si peu appris ou l'a montré si peu propre à disposer de soi ? Comment le louer d'avoir été habitué à juger ses affaires en spectateur, à ne point sentir qu'il en est responsable, à ne point vouloir en être maître ? Comment le louer d'en être venu à regarder les gouvernements comme uniquement bons à servir quand ils sont forts, à outrager quand ils sont faibles, au lieu d'en contenir la force ou d'en réparer la faiblesse, les prenant à peu près comme les grands seigneurs faisaient de leurs intendants, qu'on renvoyait quelquefois et qu'on ne surveillait jamais ? Comment le louer enfin d'avoir été conduit là par une expérience de tant de siècles qui devait aboutir à la nécessité d'une radicale et totale révolution ? Si la centralisation est pour quelque chose dans tout cela, si c'est elle qui réduit la société a n'avoir plus rien pour se défendre tant au centre qu'aux extrémités, il est impossible de bénir la centralisation.

Section III

Et cependant la centralisation existe ! Le fait est là, manifeste, puissant, à quelques égards indestructible. Même dans ses détails, dans ses accessoires, il est ancien déjà. Tocqueville a montré aux plus incrédules qu'il plongeait par ses mille racines dans l'ancien régime. La royauté avait réussi au-delà de toutes ses espérances. Son unique adversaire, l'aristocratie, si l'on peut appeler ainsi notre noblesse, était depuis longtemps à ses pieds ; depuis longtemps, le clergé était sorti de la politique, et personne ne l'invitait à y rentrer, la France offrant ceci de particulier que les anciens moyens de résistance étaient encore plus impopulaires que le despotisme. Comment, au commencement du XVIIIe siècle, le public aurait-il accueilli la tentative de révolution aristocratique des Fénelon, des Saint-Simon, des Boulainvilliers ? « La seule classe d'hommes (nous le disons avec M. Guizot) qui ait joué dans l'histoire de France un rôle vraiment public, la seule qui ait tenté de faire pénétrer le pays dans son gouvernement, de donner au pays un gouvernement légal, c'est la magistrature et le barreau. » Et lorsqu'on lit les curieux et insipides mémoires de l'avocat Barbier, on se prend à trouver si puérils, si mesquins, si impuissants, les moyens d'oppo-

Charles de Rémusat

sition du parlement, qu'on est plus impatienté de son obstination que touché de son indépendance, et que l'insolence capricieuse de la cour ne parvient pas à nous intéresser à une résistance qui n'est bonne à rien. L'esprit du temps, puissant à Paris, pénétrant par les salons dans la sphère du gouvernement, y trouvait plus d'accès qu'il n'eût trouvé d'appui dans les débris d'institutions semblables à des fortifications en ruines. Aussi, quand l'assemblée constituante parut, ne fut-elle pas arrêtée un moment par le respect de ces résistances surannées, « de cette foule d'institutions domestiques et de magistratures indépendantes que la vieille société portait dans son sein. » Ces *faisceaux des droits privés, vraies républiques dans la monarchie*, qui inspiraient à M. Royer-Collard une admiration un peu gratuite, était comme un outillage vermoulu qui disparut en laissant peu de regret. Ce parlement, qui naguère se portait fort pour la nation et décrétait la révolution même, expira sans défense, et cette révolution craignait tant ou estimait si peu le contrôle de l'administration par la judicature, qu'elle prit toute sorte de précautions pour l'abolir, et posa les bases d'un ordre judiciaire peu différent du plan du chancelier Maupeou. Le coup d'état d'un magistrat absolutiste devint la réforme d'une assemblée populaire. Les états provinciaux, les vieilles municipalités, les corporations ou juridictions spéciales n'obtinrent ni plus d'égards ni plus de pitié, et la toute-puissance, concentrée sous une nouvelle forme, avec tout l'ascendant d'une populaire origine, jeta la France, pulvérulente dans le moule de l'uniformité. Or avec l'uniformité avait jusqu'alors rarement frayé l'indépendance ; imposer, avec une facilité et une rapidité inouïes dans l'histoire, une transformation identique à toutes les localités d'un pays, c'est un précédent qui ne crée pas toujours la liberté, même lorsqu'il la proclame. La dictature, même au service d'une révolution libérale, dépose par son exemple contre ses principes ; elle court risque d'être plus souvent imitée dans son procédé que suivie dans son esprit. En vain espérait-on infuser aux nouvelles créations municipales, départementales, judiciaires, la vie et l'indépendance avec le principe de l'élection. L'élection elle-même n'est une garantie de liberté qu'avec la liberté ; elle la suppose et ne la produit pas toujours. Ainsi la convention put, du haut de la citadelle de la centralisation, étendre au loin la terreur de son irrésistible volonté. Loin qu'elle conçût la diversité comme une liberté permise, elle décréta l'unité ou la mort ; loin qu'elle admît la possibilité ou la légitimité des résistances partielles, elle fit du fédéralisme le plus grand des crimes, et elle en jeta l'imputation mensongère à tous ceux dont elle voulut la perte. Le fédéralisme fut pour la centralisation le crime de majesté de l'empire romain. Ce que l'unité avait fait, l'unité seule put le changer, et les pouvoirs qui succédèrent à la commune de Paris ou au comité de salut public n'eurent qu'à se transmettre de main en main, pour en faire un usage divers, le levier qui soulève, le ressort qui lance la nation. À mille ans de distance, Napoléon put montrer pour l'uniformité le goût de Charlemagne, ce goût qui gagne même *les grands esprits*. Il n'imagina pas un moment qu'au moins la liberté administrative dût être le dédommagement de la liberté politique. C'est un fait remarquable assurément et dont il faut tenir compte que la durée sexagénaire de l'organisation qui porte son nom à travers tant de révolutions si différentes d'origine, de tendances et d'effets. La restauration pouvait disgracier la centralisation, répudier cette survivante de l'ancien régime, depuis qu'elle avait repris croissance et force sous les livrées de la révolution et de l'empire. Le parti royaliste était un parti essentiellement provincial. Plus indépendant que libéral, il pouvait, sans inconséquence et sans effort, s'élever contre un absolutisme administratif qui n'était pas son ouvrage, et soutenir que la légitimité devait, au nombre des usurpations qu'elle abolissait, comprendre celle des droits des localités. Il le soutint en effet par la bouche de quelques-uns de ses meilleurs orateurs, par la plume de quelques-uns de ses meilleurs écrivains. Incrédule ou du moins défiant à l'endroit des vertus du système représentatif, il croyait naturellement, il disait avec conviction que la plus vraie liberté était celle qu'avaient, suivant lui, connue et pratiquée ses aïeux. Le voile trompeur dont on parait l'ancien régime n'avait pas été alors assez complètement déchiré pour qu'on ne pût de très bonne foi prétendre que le passé savait se mieux défendre contre l'arbitraire au nom de l'état que ne l'avait su le présent contre l'absolutisme au nom du peuple ou de la victoire. Aussi la chambre de 1815 et les suivantes ne ménagèrent-elles pas les déclamations énergiques, les flatteuses promesses. L'opposition royaliste avait beau jeu pour reprocher au despotisme ministériel de s'appuyer sur l'omnipotence des bureaux, et sans artifice, sans

Charles de Rémusat

tactique, plusieurs de ses hommes d'état parlaient de n'arriver au pouvoir que pour renouveler l'œuvre de Louis le Gros et s'illustrer comme lui par l'affranchissement des communes. L'offre, encore que sincère, ne fut pas vivement accueillie ; cette préférence donnée à la liberté locale sur la liberté politique, aux souvenirs du moyen âge sur les créations de 1789, n'exerçait pas sur les esprits une entraînante séduction. Les ministres n'étaient pas embarrassés de répondre que la surveillance éclairée de l'état valait mieux que la domination des influences particulières, et le parti royaliste était, comme tout parti vainqueur après une révolution, plus craint en province que le gouvernement de Paris. La royauté de Louis XVIII se retrouvait, comme celle de ses pères, recommandée par une impartialité relative, par un besoin de règle et d'équité, en regard des prétentions capricieuses, égoïstes et parfois violentes des ordres privilégiés. Ainsi la centralisation put profiter d'une faveur d'opinion qui protégeait toutes les conquêtes de la révolution.

Aussi, quand les royalistes mirent la main sur le pouvoir, trouvèrent-ils peu d'obstacles à ajourner toute réforme administrative. Il ne fut plus question de desserrer une seule maille du solide réseau dans lequel on avait plaint la France d'être enlacée. Pendant six ans de ministère, M. de Villèle ne dévissa pas, que je sache, un seul des écrous de la machine. Il était de l'école de la liberté municipale ; sa province avait des prétentions en ce genre ; les états de Languedoc avaient laissé bonne renommée. Quant à lui, il avait commencé par préférer de beaucoup ces vieilles formes d'indépendance aux garanties de fraîche date, soupçonnées d'être des hérésies philosophiques et des abstractions révolutionnaires. L'expérience seule, et sans doute aussi une honorable ambition, l'avait réconcilié avec le jeu du régime représentatif, et il put jouir pendant six années d'une prépondérance à laquelle en matière administrative on n'eût pas résisté, sans pourtant se dessaisir des armes léguées par la dictature impériale au pouvoir exécutif de la monarchie constitutionnelle. Il est fort difficile en effet que le pouvoir le mieux intentionné renonce volontairement aux moyens d'action d'une organisation parfaitement régulière qui a ses bons côtés et ses approbateurs, qui peut empêcher beaucoup de mal et, habilement dirigée, faire beaucoup de bien. D'ailleurs il faut se le rappeler, l'opinion grondait, les partis se montraient animés et menaçants. La liberté de la presse, quoique combattue, perçait de toutes parts. Elle fait assez de bruit aux oreilles du pouvoir pour qu'il soit peu tenté de désarmer devant elle. On ne s'affaiblit pas de gaieté de cœur, et M. de Villèle entrevoyait assez toutes les forces qui minaient sous ses pieds la monarchie légitime pour se figurer toute renonciation volontaire à une seule prérogative comme une imprudence, et pour répugner à démanteler de ses mains la place qu'il avait à défendre.

Cependant l'esprit vraiment libéral qui animait alors la France commençait à l'emporter sur les raisons de parti ou de circonstance qui avaient conservé jusqu'alors intacte l'organisation impériale, et la décentralisation était un des articles du symbole qui triompha en 1830. Cet article cependant n'était ni conçu avec une parfaite netteté, ni rédigé par tous sous une forme identique. Il y parut quand on en vint à l'exécution. Non que j'aie envie de méconnaître tout ce qu'a fait, pour modifier la centralisation, la seule révolution, le seul gouvernement qui ait fait quelque chose. Il y a plusieurs manières de toucher à la centralisation. Elle n'est jamais si absolue qu'elle n'admette des autorités locales, au moins par la résidence. On décentralise en touchant soit à leur origine, soit à leurs attributions, en leur donnant ou plus d'indépendance ou plus de pouvoir. La première chose, et c'est la plus importante, est celle que la monarchie de 1830 a faite en rendant électifs les conseils des départements et des communes. Cette réforme si naturelle, qu'on a peine à comprendre comment elle avait pu tarder si longtemps, ne pouvait manquer de réussir ; aucune réaction ne l'a encore emportée. On a pu affaiblir, non supprimer en ce genre ce qui existait. Il est vrai que le règlement des attributions, quoique fait dans un esprit libéral et judicieux, n'a pas beaucoup augmenté l'importance et l'action des corps de délibération locale. Quoique leur pouvoir fût loin d'être insignifiant, sur l'extension de ce pouvoir la discussion reste ouverte. En même temps l'expérience a prouvé que l'existence ces délibérations locales ne diminue pas le nombre des affaires de la puissance publique et des questions dans lesquelles il faut qu'elle intervienne. Il y a même eu accroissement en ce genre, et cet accroissement semble lié aux progrès mêmes de la civilisation. Le système représentatif n'y met pas obstacle ; au contraire, il est par inclination centralisateur, quoiqu'il se crée par là des embarras, de l'encombrement, des dangers. Aussi nous a-t-on reproché de nous

Charles de Rémusat

être trop confidemment abandonnés sur cette pente. Sans aucun doute nous n'avons pas laissé le pouvoir central désarmé ni démuni. Peut-être n'en était-il pas plus fort ; il en était moins libre, assurément. Quoi qu'il en suit, la république, comme on sait, ne répudia point l'héritage. Ce n'est pas en général le penchant de la démocratie que de faire fi de l'unité, de lâcher la force qu'elle tient, et d'hésiter à donner au pouvoir un volume qui croît avec la masse qu'il représente. Pour qu'en 1848 on demeurât centralisateur, il y avait de bonnes et de mauvaises raisons. D'abord l'amour de l'ordre, qui alors se déploya en France avec une énergie admirable, ne pouvait consentir aisément à l'abandon d'un seul des moyens d'action qui paraissaient utiles contre l'anarchie, et l'assemblée constituante aurait craint de donner aux clubs tout ce qu'elle aurait enlevé au gouvernement. Puis l'élément spécial et nouveau que la crise de février mit en lumière, le socialisme, si bruyant alors, est précisément une doctrine ultra-centralisatrice ; ce qui le caractérise est de tendre à transporter la vie privée dans la vie civile, et l'ordre civil dans l'ordre politique. Cette multitude d'intérêts individuels qu'il voulait élever au rang d'intérêts généraux promettait autant d'attributions nouvelles au gouvernement. Ainsi l'esprit conservateur et l'esprit socialiste veillaient à l'envi sur la centralisation, qui sortit entière des délibérations de 1848. Le président de la république resta investi de plus de pouvoirs et de fonctions que plus d'un roi de l'Europe. Ce n'est pas la peine de dire que la révolution qui suivit n'eut pas pour objet de diminuer les droits de l'état. L'unité prit une nouvelle forme, fit de nouveaux progrès, gagna un nouveau terrain. Un seul pouvoir, le plus concentré de tous, s'agrandit, et la volonté d'un seul occupa plus de place que la délibération de plusieurs. On distingue en philosophie deux principes, l'autorité et l'examen ; ils ont leurs équivalents dans la politique. Il ne paraît pas que les nouveaux systèmes électifs aient eu pour effet de fortifier l'examen. Il est certain que les nouvelles formes des corps délibérants ont eu pour résultat de fortifier l'autorité. Or ce qu'on appelle par excellence autorité dans notre pays, c'est la centralisation, et voilà pourquoi ce sujet est plus que jamais à l'ordre du jour.

Il faut le redire, c'est quelque chose de grave que la persistance de ce fait stable au milieu des révolutions. La centralisation, dans le procès qu'on lui intente, se présente avec un possessoire des plus respectables. Ce que l'histoire explique, ce que les lois ont sanctionné, ce que des partis fort différents ont épargné, ce que l'usage a fait passer dans les mœurs publiques, ne peut être traité comme un accident précaire, et de même qu'il n'y faut toucher qu'avec réflexion, il en faut juger sans prévention. Le fait est même tout jugé, il est réel, important, vivace. Reste à juger du droit et de l'utilité.

Section IV

Il semble qu'avant de prononcer, une question générale devrait être résolue. Quel est le domaine légitime de la puissance publique ? On connaît la distinction anglaise du système coercitif et du *système volontaire*. Dans quels cas l'un ou l'autre doit-il être appliqué ? Le départ n'est pas aisé à faire. La théorie peut concevoir une société abandonnée à elle-même pour son ordre intérieur. Elle se régirait comme une famille bien réglée. Ce serait quelque chose d'analogue au régime patriarcal, dans lequel au reste il y avait une certaine autorité ; mais tout cela, c'est de l'idéal pour les sociétés actuelles, Elles ont de temps immémorial besoin de lois et de pouvoirs. Toutefois ce besoin varie avec les lieux et les temps. Ce qui est nécessaire à l'une peut ne pas l'être à l'autre. Chez l'une la force publique surabonde, chez l'autre elle fait défaut. Elle diffère de forme et de degré, et l'on n'assignerait pas avec précision la limite invariable où doit s'arrêter l'intervention gouvernementale. Seulement on peut indiquer à quelles conditions générales elle est soumise. Il faut d'abord qu'elle soit praticable, qu'elle soit nécessaire ou du moins utile, qu'elle ait plus d'avantages que d'inconvénients ; encore toutes ces conditions sont-elles comme non avenues, si elle est injuste.

C'est une maxime de l'Écriture et du bon sens que tout ce qui est permis n'est pas expédient. Quand donc telle ou telle coercition, tel ou tel emploi de l'autorité serait utile et praticable sans violer la justice, il n'en serait pas pour cela sage et désirable, n'étant pas nécessaire, car, à moins d'avantages bien sérieux et bien éclatants, tout ce que fait l'homme volontairement sous la loi de sa raison, tout ce qu'il fait parce qu'il le croit bon vaut mieux que ce qu'il fait parce qu'il y est contraint. C'est ici que nous retrouvons le principe réclamé au début, le bien moral de l'individu passant avant tout. C'est sur ce point que la dissidence est flagrante entre le socialisme et nous. Oserai-je dire qu'elle vient de ce que le socialisme met le bien-être sur la même ligne que le droit ? Par un sentiment de fraternité, par un népotisme démocratique ou par l'effet d'une morale toute fondée sur la sympathie, on s'est persuadé dans ces derniers temps que l'état devait éviter aux hommes toutes les peines évitables, réparer tous les maux réparables, et substituer sa tutelle à leur libre arbitre. La révolution française a failli remplacer la déclaration des droits par une déclaration des intérêts. C'est parce que la liberté des hommes est plus sacrée que leur bonheur que nous résistons à des conseils qui attendriraient peut-être les gouvernants, mais énerveraient les gouvernés. Toutes les fois que la question est douteuse, toutes les fois que des antécédents impérieux ou une nécessité générale et sentie ne vous enlèvent pas la faculté de choisir entre le système coercitif et le système volontaire, entre l'action publique et l'action individuelle, n'hésitez pas, récusez le pouvoir et fiez-vous à la liberté.

Tout ceci, j'en conviens, n'est qu'une limite vaguement indiquée. Trouver une formule générale pour se décider dans tous les cas serait bien habile. Guidons-nous par quelques exemples.

En voici un qui ne prête à aucun débat, la guerre. Le gouvernement seul doit la décider et la faire, car seul il le peut. Dans l'état du monde, le contraire passerait pour folie. Le droit de battre monnaie n'est guère plus contesté. Il serait plus susceptible de l'être. Dans l'origine, ce privilège pourrait bien avoir été déclaré régalien pour des raisons médiocrement honnêtes. L'exemple du commerce des lingots et la garantie des matières d'or et d'argent permettraient à la rigueur de laisser la fabrication des monnaies aussi libre que celle des bijoux et de l'argenterie ; mais cette innovation aurait des inconvénients sans nul avantage, et ne pourrait être réclamée que par l'orthodoxie superstitieuse du laisser-faire économique.

L'ordre public est manifestement du ressort de la puissance publique. Elle y pourvoit par la législation, elle y pourvoit par l'exécution des lois : c'est la police, en prenant ce mot dans son sens le plus général. La police, lorsqu'elle réprime, prend un nom particulier. La puissance publique, intervenant alors dans une sorte de conflit pour faire droit, s'appelle la justice. Nul doute que, dans les sociétés à nous connues, les lois d'ordre public ne doivent venir de l'état, ce qui comprend presque toutes les lois, la police, la justice. On ne diffère que sur les moyens d'acquitter cette dette de la société envers elle-même.

L'état doit-il de même avoir entre ses mains la religion, l'instruction publique ? Évidemment la nécessité n'est pas égale. Dans certains pays, il ne se mêle pas de la première et n'agit que dans les cas rares où l'ordre extérieur serait intéressé par les choses religieuses. Là même où il est moins discret, où il traite la religion en institution publique, il la secourt, la protège, il la surveille ou il la contient ; il l'impose rarement comme une loi ; il n'en fait pas une partie de son pouvoir propre. Toutefois, chez la plupart des peuples de l'Europe, elle ne reste pas une chose purement morale ; elle tient une place dans le royaume de ce monde : l'église s'appelle une puissance. La religion ainsi considérée ne peut plus être regardée comme une simple liberté de l'individu, quoique la liberté religieuse soit la plus sacrée de toutes, et la liberté religieuse elle-même est sous la garde des lois et de leurs ministres. On va au-devant, je suppose, des observations analogues que suggérerait l'instruction publique.

Nous ne compléterons pas ce dénombrement. Ce qui vient d'être dit suffit pour montrer qu'indépendamment de toute centralisation, la juridiction de la puissance publique n'est pas invariable : elle n'est point partout chargée des mêmes choses de la même manière. Maintenant, dans le cercle de ses attributions, doit-elle être constituée sur le principe de la centralisation absolue, c'est-à-dire de l'unité ?

Dans son centre même, l'unité n'est pas la forme nécessaire de sa constitution ni de son action. La division du pouvoir est regardée comme la garantie de toute liberté politique. Hors même des idées constitutionnelles, un pouvoir rigoureusement unitaire ne serait pas supporté, et l'apôtre le plus intolérant de l'absolutisme, le comte de Maistre, exige qu'au moins le pouvoir judiciaire reste séparé. Il en réclame l'entière indépendance, sacrifiant pour cette fois quelque chose de ses systèmes politiques à l'idée suprême de la justice. Dans plus d'un état constitué, le centre est la division même. Nulle part il n'existe un pouvoir unique. La présence des assemblées délibératives, une certaine publicité des débats, la liberté de la presse et la responsabilité ne sont admises en certains pays que comme autant de marques de défiance données au système de l'unité, autant d'obstacles élevés contre l'action rapide, irrésistible, incontestée de l'autorité centrale. Voilà pour le gouvernement politique, pour le gouvernement proprement dit.

Allons plus loin, suivons-le dans son action du centre aux extrémités, et voyons-le se localiser jusque dans le système le plus opposé à l'individualisme. Prenons des mains de M. Dupont-White l'exemple qu'il a très habilement développé, celui de la justice. Il fait observer d'abord que la justice en France applique une même législation dans tout l'empire. Elle est elle-même encadrée dans une organisation partout similaire. Elle émane du roi, disait-on jadis ; ce qui veut dire qu'elle descend du sommet jusqu'aux dernières assises de la pyramide sociale. Elle est elle-même constituée en une hiérarchie dont tous les rangs, tous les membres sont investis du droit de juger par la puissance suprême, et à mesure qu'elle se rapproche de la circonférence du cercle, elle décroît en autorité morale et légale, comme en se rapprochant du centre elle suit une marche inverse et semble remonter vers la lumière. Du moins la pluralité des degrés de juridiction, le droit d'appel, le recours en cassation, sont autant de dispositions conçues dans l'hypothèse d'une justice d'autant plus parfaite qu'elle est moins locale. Elle s'élève en s'éloignant des intérêts sur lesquels elle statue, et cette pensée du législateur est celle du public. La magistrature est donc le système le plus complet de centralisation ; à ce titre, elle obtient le crédit et la considération dont elle jouit. M. Dupont-White s'appuie de cet exemple avec confiance. Évidemment l'argument qu'il en peut tirer n'a de valeur qu'autant qu'il en attribue à notre organisation judiciaire. Évidemment encore il trouve cette organisation très bonne, mais il ne donne pas ses raisons, et, à parler franc, j'aurais eu besoin qu'il les donnât.

Supposons-les données et reçues. Il n'en reste pas moins vrai que l'aptitude de l'ordre judiciaire à sa fonction sociale repose sur un grand nombre d'autres garanties. Nul n'est juge sans conditions ; un noviciat est exigé. L'avancement est le plus souvent gradué comme la hiérarchie. Les magistrats n'agissent guère isolément, et le travail en commun est un excellent apprentissage. L'inamovibilité de leur titre passe pour une sauvegarde indispensable : contre qui ? Contre l'état. Si l'état jugeait par la voix des magistrats, tout serait

Section IV

perdu, jusqu'au nom de la justice. L'élévation au centre n'est donc pas une garantie absolue de lumière et d'équité. Voilà les juges bien choisis, instruits, expérimentés, indépendants. Est-ce assez ? S'en rapporte-t-on à leur probité et à leur sagacité ? Nullement. On a inventé les règles inflexibles de la procédure civile et de l'instruction criminelle, comme des méthodes nécessaires pour la découverte de la vérité. On ne s'en remet pas au juge des moyens de la chercher, on veut qu'il la trouve dans les formes : on suppose cependant que la codification a pour effet de rendre la loi tellement claire que l'interprétation en soit facile et sûre ; mais la publicité des débats, les règles de la récusation n'en sont pas moins là pour servir de contrôle à l'erreur ou à la passion. Est-ce tout ? Non, la société libre intervient en cas graves, sous la forme du jury, pour donner au citoyen une garantie contre la magistrature même. C'est la justice privée faisant invasion dans la justice publique. Et ce n'est pas le seul cas où une sorte de concurrence des particuliers vienne tempérer, vienne partager le privilège judiciaire de l'état. Parlerons-nous des juges consulaires et des prud'hommes ? parlerons-nous de la faculté de recourir à des arbitres ? Enfin, auprès de la magistrature officielle, il y a des hommes d'étude, mais libres et librement appelés, qui écrivent, qui consultent, qui parlent, qui éclairent la jurisprudence, préparent et parfois dictent ou redressent les sentences de leur supérieur légal. L'œuvre de la justice, dans son ensemble, est une œuvre commune à laquelle concourent la liberté et le pouvoir, le particulier et le public, l'individu et la société. Qui voudrait être jugé par un seul, le plus puissant et le plus éloigné, sous prétexte qu'il est le plus éclairé et le plus impartial, fût-il assis sous le chêne de Vincennes ? Enfin le centre même du cercle judiciaire est rempli par le concours des extrémités. C'est de la magistrature locale que l'on monte à la cour de cassation. On n'apprend à juger les affaires à distance qu'en les touchant de près. Ce système si compliqué n'est donc pas un système de centralisation pure et simple. Des garanties bien diverses s'y combinent et s'y balancent. Et puis enfin, tel qu'il est, qu'en pensent les grands jurisconsultes ?

On a dû voir que le mot centralisation a deux sens. Quand la centralisation exagère le nombre des attributions qu'elle enlève à l'activité libre de la société ou des individus, elle est plutôt le socialisme ; mais, quand elle retient dans les mains du gouvernement

Charles de Rémusat

proprement dit toutes ces attributions, quelles qu'elles soient, et qu'elle accumule toutes les affaires au siège de l'empire, elle tombe dans l'abus auquel on a donné le nom de bureaucratie.

Au premier point de vue, nous avons indiqué que la centralisation avait pour limite ce qui est dû à la liberté personnelle. Le droit de l'individu est au-dessus de son bonheur ; une tutelle qui le rendrait heureux aux dépens de sa responsabilité ne serait au fond qu'une oppression séduisante. L'intérêt de l'autorité elle-même ne permet pas que, dans une intention protectrice et par amour d'une régularité tout extérieure, la réglementation devienne minutieuse et vexatoire, au risque d'accabler le pouvoir du poids de mille griefs gratuitement encourus. D'ailleurs l'administration ne doit être chargée que de ce qu'elle seule peut faire, ou tout au moins de ce qu'elle fait mieux que tout autre. Son activité n'est pas toujours assez stimulée par un intérêt direct pour suffire à tout. Elle a ses préjugés et ses routines ; son privilège peut devenir un obstacle aux nouveautés et aux perfectionnements qui sont plutôt le fait des individus que de l'état. Enfin les choses fussent-elles aussi bien faites par lui que par eux, le fussent-elles mieux encore si elles le sont assez bien par la société libre, qu'on lui en laisse le soin et l'honneur. Ménagez aussi les forces du gouvernement. Le public qui attend trop de lui peut devenir un public difficile. Il impose et reproche tout au pouvoir ; il ne l'aide en rien, il ne le supplée jamais. Docile par paresse, injuste par ignorance, exigeant par habitude, dénigrant par oisiveté, il est tout à la fois servile et mécontent ; habitué peu à peu à ne pas répondre de lui-même, à n'être pour rien dans ses affaires, il les abandonne à qui le veut et s'en venge par en médire. C'est un automate ennemi. Ainsi déchargé de tout devoir public autre qu'une passive obéissance, il s'assouplit également au despotisme et aux révolutions. Il faut, pour qu'une nation soit libre, qu'elle participe au gouvernement ; il faut, pour qu'elle soit libre avec intelligence, qu'elle participe à l'administration.

On pourrait comparer un gouvernement qui veut se charger de tout à un professeur qui ferait tous les devoirs de ses élèves pour qu'ils fussent mieux faits. Il pourrait leur être fort agréable et ne leur apprendrait rien. Un despotisme universel spécule aussi sur la paresse du peuple. Les prétextes, même les raisons ne lui manquent pas. Le mouvement de la civilisation multiplie les besoins et les moyens d'y satisfaire. Le mouvement de la démocratie propage de plus en plus les besoins nouveaux, et les rend de plus en plus sensibles à ceux qui ont le moins les moyens d'y satisfaire. Le sentiment de l'égalité pousse naturellement à demander et à consentir qu'une intervention bienfaisante répare autant que possible ce qu'on appelle les injustices du hasard. Faire jouir le plus grand nombre d'hommes de ce que des hommes ont trouvé de bon, c'est en beaucoup de cas l'œuvre nécessaire du gouvernement. D'ailleurs l'esprit humain dans ses progrès devient difficile. Il ne se résigne plus aux omissions, aux disparates, aux inconvénients longtemps tolérés ; il s'éprend de la méthode, de la symétrie, de l'uniformité. Ce sont ses goûts naturels, ainsi que les procédés naturels de la puissance publique. L'état a des télégraphes : pourquoi tout le monde ne jouirait-il pas de ce moyen de transmission ? En même temps une découverte scientifique le rend plus sûr et plus facile : il faut mettre la télégraphie électrique à la portée de tous. Qui le peut faire mieux et plus économiquement que l'état ? Qui surtout peut en faire jouir plus également la société, en étendant ce service aux localités qui n'en useraient pas assez pour en payer les frais ? Si vous ajoutez une politique ombrageuse qui craint toujours qu'on n'abuse contre elle de toute force nouvelle, voilà l'état chargé de la télégraphie privée. Qui s'en plaint ? Personne, je crois. C'est, m'a-t-on dit, pour Paris seulement quinze cents employés de plus. Je ne blâme rien ; mais je représente aux adversaires de la centralisation les difficultés qu'ils ont à vaincre et les concessions qu'ils ont à faire.

L'exemple de l'Angleterre, dont ils s'appuient, ne doit être cité qu'avec précaution. Il est vrai qu'en Angleterre on ne pousse pas le plaisir de gouverner jusqu'à la manie, et que la société, c'est-à-dire les individus, y reste chargée de plus d'un service que nous voulons que l'état nous rende. Il est encore vrai qu'ordonnée moins systématiquement, l'administration anglaise est plus simple : son personnel est moins nombreux, ses formalités moins lentes et moins fastidieuses ; elle cherche à ne faire que l'indispensable. N'allez pourtant pas croire que le mouvement centralisateur soit inconnu en Angleterre. Il y est au contraire visible et rapide. C'est le pays des réformes, on le sait, et quelle est la réforme qui ne soit une régula-

Charles de Rémusat

risation méthodique, et dont l'accomplissement ou la surveillance n'impose au gouvernement un nouveau devoir ? Peu de sessions du parlement se passent sans produire plusieurs bills pour porter l'ordre et l'uniformité là où régnaient la confusion et la bigarrure. Cette police des lieux publics, cette police célèbre dont tous les voyageurs raffolent, est une œuvre de centralisation, de centralisation à tous les points de vue, car elle est loin d'être partout municipale. À Londres, par exemple, elle ne l'est que dans la Cité.

Il y a de tout en ce pays. C'est la terre des contrastes. On sait que les Anglais ne se piquent pas de logique en administration. Ce n'est pas eux qui chercheraient une solution absolue aux questions qui nous occupent. Voyez comme en matières différentes diffère leur manière de procéder.

Ainsi ils ne pensent pas que l'état doive à tout le royaume la viabilité. C'est chez eux à ceux qui se servent des routes à les payer. Il y a plus de trente ans que, cheminant dans le nord du pays de Galles, je rencontrai sur l'impériale de la diligence un de ces compagnons de voyage communicatifs qui ne vous laissent rien ignorer. Il s'extasiait sur la beauté de la route, en me faisant bien remarquer que c'était une *parliamentary road*. J'imaginais déjà une allusion à quelque souvenir historique sur un chemin illustré par quelque campagne de l'armée parlementaire sous Fairfax ou Cromwell. Il s'agissait tout simplement d'une route que le parlement, voulant, par des vues politiques, améliorer, faciliter, abréger les communications avec l'Irlande, avait fait construire aux frais de l'état pour mettre Londres à la moindre distance de Dublin par le détroit de Menai et la pointe de Holy-Head. Les barrières et les péages sont donc loin d'avoir disparu du sol britannique, et l'on y voyage à peu près dans les conditions où nous le faisons en France sur les chemins de fer, où le tarif est calculé pour payer la construction, l'entretien et l'exploitation de la voie. Si le prix du transport ne se confondait pas avec le coût de la route, je ne sais si, même pour les chemins de fer, cette exception serait longtemps supportée chez nous. La gratuité du parcours des ponts et chaussées est dans nos mœurs. Il s'ensuit une obligation pour l'état d'étendre à toutes les parties du territoire le bienfait d'une viabilité presque égale, et ceux des départements qui pendant un temps ont été privés de voies de communication suffisantes se regardaient comme lésés dans leurs

Section IV

droits et spoliés de leur part du commun héritage.

En revanche, l'Angleterre est, ce me semble, le premier pays où l'on se soit occupé du travail des enfants dans les manufactures. On s'y est repris à plusieurs fois pour instituer en cette matière une législation efficace. On n'a pas craint d'assumer un droit de visite qui paraîtrait peut-être vexatoire à plusieurs de nos chefs de fabrique, et une inspection générale et centrale organisée en grande partie pour cet objet n'est nullement restée un plan sur le papier. Or veut-on bien réfléchir à la portée d'une loi qui règle le travail des enfants ? Elle intervient dans la conclusion et l'exécution d'un contrat privé entre les maîtres et les parents. Elle suppose que l'autorité publique aura plus d'humanité que les uns, plus de sollicitude que les autres, et charge l'administration de veiller au lieu et place d'un maître, d'un père, d'une mère, au bien-être, à l'éducation, au développement physique et moral, à la santé, à la vie d'un enfant. Quelle mesure, je le demande, porte plus les caractères de la mise en tutelle des individus pour leur propre bien sous la garde de l'état ? Quelle mesure paraît plus marquée à l'empreinte des principes du socialisme ? Il est douteux cependant que les plus scrupuleux partisans de la liberté du travail soient scandalisés de cette dérogation au droit commun, et s'il fallait discuter, je crois qu'on pourrait montrer que dans cette circonstance la loi ne sort pas précisément de son domaine, parce qu'elle ne prétend pas entendre mieux les intérêts de l'individu que lui-même, mais intervient seulement pour empêcher par la répression un abus de la force et la violation d'un droit.

Section V

Passons à la centralisation considérée sous le second point de vue et prise dans le vrai sens du mot. Ici se présentent des difficultés d'un autre ordre que M. Dupont-White a parfaitement fait valoir. Tout n'est pas dit parce qu'on a répété qu'il y a trois sortes d'affaires publiques, les générales ou gouvernementales, les départementales et les communales, sans compter celles d'un intérêt collectif, celles des syndicats, celles des grandes sociétés anonymes. D'abord la division ne se fait pas d'elle-même entre les trois principales catégories. Les intérêts auxquels elles touchent se confinent, se pénètrent mutuellement, et les autorités entre lesquelles on les voudrait distribuer hiérarchiquement ne pourraient toujours impunément rester indépendantes les unes des autres. Or, dès qu'elles cessent de l'être, il y a centralisation.

Revenons aux exemples. Certaines prisons sont mises par le Code d'instruction criminelle sous l'autorité des préfets, et dans la pratique une distinction assez difficile à justifier, contraire à la lettre de la loi et qui n'est pas observée en toute rigueur, réserve aux établissements de l'état, aux maisons centrales, les condamnés à plus d'un an d'emprisonnement. Pour tous ceux dont la peine est moins longue, pour tous les prévenus, tous les inculpés, la détention est considérée comme une affaire départementale. Supposez qu'on généralisât davantage et qu'on soulageât l'état de la garde des prisonniers, dont il demeure chargé jusqu'à présent. Ce serait, si l'on veut, une conquête sur la centralisation. Qu'arriverait-il cependant, si l'administration départementale, ou toute autre qui ne serait pas celle de l'état, était laissée à son libre arbitre dans tout ce qui touche à la détention ? La matière est difficile à régler : toute innovation en ce genre est délicate ; les améliorations sont problématiques, les systèmes discordants ; enfin d'autres intérêts peuvent attirer de préférence l'attention ou les ressources de l'autorité locale. Or j'imagine qu'on n'est pas disposé à oublier que l'unité de législation pénale est au premier rang des dettes de justice de l'état envers les citoyens d'un même pays. L'égalité des peines dans les mêmes cas, sur tous les points du territoire, est un principe inviolable. Serait-il observé si les conditions de la détention variaient suivant les localités ? Des prisons malsaines, des prisons salubres, où règne le désordre, où prévaut la discipline, où le travail est établi, où le travail est inconnu, où tous les degrés de culpabilité, de corruption, d'endurcissement, sont confondus ou séparés, où le régime cellulaire est ou n'est pas admis, peuvent bien porter le même nom ; mais avec de telles disparates le condamné à un an de prison ne l'est pas à la même peine suivant qu'il est jugé à Dunkerque ou à Bayonne, à Quimper ou à Antibes. Malgré tous les soins de l'administration, il existe déjà entre des maisons soumises aux mêmes règlements d'ineffaçables différences. Que serait-ce donc si l'on abandonnait toute la pratique de l'emprisonnement à la diversité d'opinions, d'usages, de ressources et de sollicitude des diverses localités ? L'uniformité est donc nécessaire, la justice la commande. Il faut que la loi la prescrive, et pour que la loi soit exécutée, il faut soumettre tous les établissements à un pouvoir d'inspection qui ne peut guère être exercé que par l'état. Ce pouvoir n'existerait pas, que vous verriez dans un gouvernement parlementaire les chambres le prendre et en créer les instruments. Le parlement d'Angleterre a, pour la réforme des prisons et même pour la pratique de la pénalité tout entière, investi le ministre de l'intérieur d'une autorité qui nous étonnerait, et qui tombe dans l'arbitraire.

L'instruction publique a rarement été regardée comme une affaire de localité. Lorsqu'elle n'est pas instituée par l'état, elle appartient la plupart du temps à des corporations qui ne sont pas des associations privées, et qui ressemblent plutôt à des pouvoirs spéciaux. Les universités anglaises, malgré leur prétention d'exister par elles-mêmes, ont fini par reconnaître la compétence de la loi, ou du moins se sont-elles empressées, par des réformes intérieures, d'aller au-devant des vœux du parlement, de peur qu'il ne leur commandât ce qu'elles n'auraient pas fait de leur plein gré. En France, nulle difficulté sur ce point. On est allé jusqu'à dire chez nous que l'état enseignait par l'université comme il juge par les tribunaux. Cependant il n'y aurait rien d'exorbitant à classer l'instruction primaire comme une affaire communale. Cela est écrit à demi dans la loi. Sous le prétexte de la liberté des pères de famille, on n'a pas voulu rendre obligatoire la fréquentation de l'école. On n'a donc, sous aucun rapport, centralisé outre mesure. Voici cependant un raisonnement d'une certaine valeur. Tout gouvernement, et plus qu'aucun autre tout gouvernement libre, a la prétention de commander par la loi et de commander à des hommes. L'ignorance de la loi, dit-on en droit, ne se présume pas. Or on demande comment celui qui manque de toute instruction primaire peut avoir une idée, je ne dis pas complète, mais grossièrement suffisante, de ce que c'est que loi, justice, gouvernement, patrie. Si l'on veut que les hommes soient citoyens, qu'ils participent à des élections quelconques, par une conséquence nécessaire l'état doit l'enseignement primaire à tout homme dont il exige l'obéissance et le concours. Il m'est difficile même de comprendre les scrupules qui refusent de le rendre obligatoire pour toutes les familles françaises.

Charles de Rémusat

C'est pour cela que, dans plusieurs au moins de ces États-Unis qui ne sont pas une terre de centralisation, l'éducation populaire est une dépense de l'état ; c'est pour cela que le parlement britannique s'est honoré par la réorganisation des *national schools*, c'est pour cela qu'en France l'établissement des écoles communales est prescrit par la loi générale, surveillé et réglé par l'autorité publique, soutenu enfin par le concours des communes, des départements et de l'état.

C'est assez pour montrer combien d'affaires peuvent être locales sans l'être exclusivement, et combien il serait hasardeux de disséminer à la surface de la France une infinité de centres isolés qui ne connaîtraient ni règles ni contrôle. Mais enfin n'y a-t-il donc pas d'affaires exclusivement locales ? Sans doute il y en a, et il suffit d'ouvrir un budget départemental ou municipal pour en connaître. Rien donc au premier abord ne paraîtrait plus simple que de livrer sans restriction les affaires locales aux autorités locales. Toutefois, si celles-ci restent indépendantes dans leur gestion, l'état de son côté, ayant des affaires dans les localités, aura partout, jusque dans le moindre hameau, des délégués, des *missi dominici*, qui se trouveront en concurrence et peut-être en collision avec les agents de la municipalité. N'est-il pas plus naturel d'avoir des fonctionnaires institués à deux titres, employés à deux fins ? C'est ainsi que les préfets, en représentant l'état dans les départements, sont devenus les hommes des départements auprès du pouvoir central, et que les communes ont prêté leurs maires au gouvernement pour l'exécution d'un bon nombre d'opérations qui l'intéressent. Tout le monde connaît ces services mixtes, jugés dès longtemps préférables à une séparation absolue que les choses peut-être ne comporteraient pas plus que les personnes. On ne peut contester aux partisans de la centralisation, et notamment à son plus récent défenseur, que les lumières administratives, que les connaissances économiques, que l'esprit de justice même et le respect des droits ne soient plus communs dans une capitale que dans une bourgade. Si l'on tient à une certaine égalité dans la gestion des intérêts collectifs, on ne peut guère abandonner sans contrôle les innombrables autorités auxquelles on est forcé de la commettre. Il y a, je crois, une excessive sévérité dans le tableau qu'on nous présente des iniquités et des griefs qu'engendre le contact mutuel des membres d'une société restreinte. Il serait triste que les hommes parvinssent à ne se point haïr, à ne se point persécuter, qu'à la seule condition de ne se pas connaître. Le hobbisme, s'il est faux dans la société politique, ne devient pas rigoureusement vrai dans une ville et dans un village. L'histoire, si remplie de l'éloge des municipalités indépendantes, semble témoigner contre leurs censeurs récents. Sans doute des intérêts légitimes peuvent être méconnus par la sagesse communale. Mettez à sa discrétion renseignement primaire : comme le besoin en est d'autant moins senti qu'il est plus grand chez ceux qu'il intéresse, l'école risquera d'être fermée par ceux à qui elle est le plus nécessaire. Que toutes les communes soient maîtresses d'établir un octroi, les plus clairs principes de l'économie politique pourront succomber sous une étroite et capricieuse fiscalité. Enfin la liberté du commerce et la liberté religieuse ne peuvent toujours compter sur l'impartialité judicieuse d'un magistrat municipal. Il faut d'abord conclure de là que sur toutes ces questions le pouvoir local ne peut être son propre législateur. Il faut que la loi générale ait posé des règles dont l'infraction puisse ouvrir un recours en annulation, Pourrait-on se contenter souvent de ces deux garanties, la loi et le pourvoi, sans qu'une formalité de révision et d'autorisation dût être insérée entre deux ? Je le crois, et c'est une des premières concessions à faire en certains cas aux communes. Il ne suffit pas néanmoins de remédier aux abus possibles. Ne peut-il être nécessaire de suppléer à l'inaction et de stimuler la négligence ? Tout le monde tient la législation de 1836 sur les chemins vicinaux pour une des meilleures choses de ces trente dernières années. Elle a obtenu un succès prompt et universel. Or elle statuait sur des intérêts tout matériels dont l'importance ne peut échapper aux plus simples habitants des campagnes, et pourtant elle a dû, pour obtenir de bons effets, non-seulement imposer d'en haut l'uniformité et la maintenir par l'action de l'inspection ministérielle, mais armer l'autorité quasi-gouvernementale du préfet de pouvoirs assez nouveaux à l'égard des communes et même des conseils-généraux. On a encore, depuis vingt-quatre ans, restreint graduellement la part des maires dans la direction des travaux de viabilité vicinale, et peu s'en faut aujourd'hui qu'ils n'en soient exclus. Citer n'est pas approuver ; ce n'est qu'indiquer une circonstance où le zèle et la diligence du pouvoir et du public local n'ont point paru suffire à des

Charles de Rémusat

opérations qui semblaient tout à fait de leur compétence.

Ces considérations, sur lesquelles insiste M. Dupont-White, n'arrêtent point ses adversaires. Elles ont à peine touché l'écrivain ingénieux qui, dans un recueil déjà cité,[1] a résolument proposé de rétablir des administrations collectives dans la commune, dans le département, dans la province. Je ne suis pas de ceux que de telles propositions scandalisent ; mais elles ont peu de chance d'être acceptées, et, une fois acceptées, d'être soumises à une expérience assez prolongée pour résister aux difficultés et aux inconvénients du début. Aucun peuple n'est plus prompt à trouver le désordre intolérable que le peuple français, parfois si facilement révolutionnaire, et les tiraillements, les écoles, les abus inséparables de toute innovation, mettent peu de temps à le dégoûter. Donnez-lui le spectacle d'une multitude d'assemblées inexpérimentées, incertaines, tour à tour timides et téméraires, inactives et agitées : une clameur générale s'élèvera bientôt, et le mal tant réel qu'apparent soulèvera l'opinion publique, qui se donnera pour l'opinion des sages. N'y a-t-il pas d'excellents esprits encore convaincus à l'heure qu'il est que, pendant les dix-huit ans du gouvernement de 1830, l'administration communale a été déplorable ? Je sais ce qu'on peut répondre : il faut à toutes choses un apprentissage. Nulle expérience n'est bonne si elle n'a rien coûté. Si, pour donner à une société quelque chose à faire, il faut attendre qu'elle ait montré qu'elle le sait faire, elle ne le fera jamais. Les inconvénients de l'inaction sont pires que le danger d'agir, et il vaut mieux se risquer que s'anéantir.

J'entends ce langage et je l'aime, et je porte envie à ceux qui réussiraient aujourd'hui à le faire écouter. C'est le langage de quiconque aspire à la liberté politique, et si jamais il devient aussi persuasif qu'il est noble et vrai, ce n'est pas des communes seulement qu'il proclamera la délivrance.

Cependant en toute hypothèse il y a lieu de prévoir que le système administratif de la France, ne sera pas radicalement transformé. Revenons-y donc. Il existe trois sortes de budgets, et la simple classification des centimes ajoutés au principal de l'impôt direct suffit pour établir les bases d'une décentralisation déjà commencée. Les centimes départementaux, tant additionnels que spéciaux et extraordinaires, les centimes communaux, divisés en catégories

1 *Varia*, Nancy 1860.

analogues, sont là pour nous montrer trois degrés de taxation, et partout où se rencontre le droit de taxation, le germe de la liberté subsiste : il ne reste qu'à le développer. La loi l'a déposé dans le sein de deux institutions, le conseil-général et le conseil municipal. Parlons de ces deux institutions.

D'un aveu unanime, la première est excellente. Depuis trente ans, elle n'a été l'objet d'aucune des critiques prodiguées aux institutions électives et délibérantes. Celle-ci n'a besoin désormais du témoignage de personne. On me permettra cependant de dire qu'ayant eu l'honneur d'être pendant dix-huit ans secrétaire où président du conseil-général d'un important département, je n'ai jamais vu cette institution en défaut ; je ne lui connais pas une attribution de trop, ni une fonction qui ne fût utile et utilement remplie. Je crois n'être pas suspect quand il s'agit du mérite des assemblées politiques : eh bien ! à tout discuter avec rigueur, je pourrais trouver dans l'organisation et le fonctionnement de nos anciennes chambres plus à redire, plus de côtés faibles à signaler, que dans la constitution et le jeu de nos assemblées de départements. Il est vrai que le singulier règlement des premières et quelques traditions malheureuses du passé étaient les principales causes des défauts de notre mécanisme parlementaire. Dans les conseils-généraux, rien de semblable, et il ne faut pas croire que la perfection de l'établissement tînt à l'insignifiance du rôle. Pour continuer la comparaison, ils avaient dans leur cercle un pouvoir aussi réel et à quelques égards moins limité que celui de la chambre des députés. Comme vote et comme contrôle, le conseil-général est puissant. Il a perdu quelques-uns de ses droits ; la manière dont il est élu ne paraît pas ajouter à son autorité, et dans la pratique, dit-on, la délibération est moins vivante que par le passé. Je l'ignore ; mais s'il en est ainsi, ce serait le cas de répéter cette observation : nous n'usons pas de ce que nous possédons de liberté. M. Guizot l'a dit ; je pourrais à cette autorité en ajouter une autre, non pas plus grande, mais qui, pour être plus inattendue, ne serait pas moins significative. Laissant la politique de circonstance, considérons en lui-même ce conseil-général, l'héritier des états provinciaux de l'ancien régime et l'équivalent, à quelques égards, des *quarter sessions* de la Grande-Bretagne. Il ne peut être question de l'ériger en corps permanent, ni même de tirer de son sein une commission intermédiaire qui administrerait

Charles de Rémusat

en nom collectif, ou seulement servirait de conseil obligé à l'administrateur en chef. Je n'examinerai pas non plus une proposition soutenue sous la restauration par des publicistes qui l'ont peut-être oubliée, celle de circonscrire le choix de cet administrateur dans le sein du conseil-général. Les préfets seraient nommés alors comme l'étaient les maires de 1830 à 1848. Notons seulement cette idée comme un indice du parti qu'on pourrait tirer des institutions existantes pour accroître l'indépendance locale. Soyons pourtant plus affirmatifs sur la pensée de confier à des commissions prises dans le sein du conseil-général la surveillance et la direction de certaines parties du service, telles par exemple que l'examen et l'approbation de certains budgets communaux. L'exemple des députations permanentes des conseils provinciaux de la Belgique devrait être étudié, et nos conseils de préfecture pourraient céder quelque chose de leurs attributions à des commissions analogues. Quand l'autorité préfectorale a été assez éclairée pour chercher l'appui et ne pas craindre la résistance, elle a formé des commissions de membres du conseil-général pour l'inspection des travaux des routes et d'autres objets, et ces créations facultatives pourraient être régularisées. Une tranche d'administration a pris, il y a quelques années, une nouvelle importance : c'est l'assistance publique. L'abondance de ses ressources, le nombre de ses établissements, ne permettent plus de discuter le mérite en soi d'un ensemble de choses qui ne peut plus disparaître. Il ne faut songer qu'à en faire bon usage. Est-il indispensable pour cela de laisser à la centralisation toute la part qu'elle possède de l'assistance publique ? Nul ne sait mieux que nous que, de tous les services rattachés au ministère de l'intérieur, aucun ne peut offrir à un administrateur de meilleures occasions de se faire honneur par quelques réformes ou quelques tentatives heureuses ; mais ce n'en est pas moins une matière qui n'est pas essentiellement gouvernementale, et qu'il y a des dangers à remettre aux mains de l'état. Il est de grande conséquence d'accréditer dans les populations l'opinion que le gouvernement doit, avec son impartialité un peu niveleuse, avec son action universelle, avec ses ressources, qu'on croit volontiers inépuisables, prendre à l'entreprise la tâche de secourir également et, il le faudrait, sans exception l'indigence, la maladie, l'infirmité, l'enfance. Puisqu'on ne peut attribuer tous ces soins aux particuliers et aux associations libres,

Section V

ne pourrait-on dessaisir l'état, et laisser régler départementalement tout ce qui en ce genre n'est pas exclusivement du ressort des communes ? Au conseil-général, qui subventionne déjà plus d'un établissement de bienfaisance, et qui a légalement à sa charge certains frais des hospices d'aliénés, pourrait être attribué un pouvoir de surveillance et même de réglementation qui ôterait au gouvernement jusqu'à l'apparence, envers les faibles et les malheureux, de cette mission providentielle que lui décernent à la fois ses flatteurs et ses ennemis. En un mot, les administrations des hospices, soit en restant, comme elles le sont, municipales, soit en devenant, par une innovation plus hardie, départementales, pourraient acquérir plus d'autonomie, plus de liberté, en relevant plus ou moins directement de l'élection par les liens qui les rattacheraient aux conseils représentatifs.

Ce n'est pas le lieu d'insister sur d'autres prérogatives qui rehausseraient encore dans l'opinion la représentation départementale. La constitution de 1848, à laquelle on songe peu, et qui ne sera pas lue peut-être une fois en dix ans, n'avait pas été mal inspirée en faisant contribuer les conseils-généraux à la formation du jury de la haute-cour nationale, et, si nous abordions l'ordre constitutionnel, nous trouverions sans doute que le conseil-général aurait un rôle à remplir le jour où l'on accepterait la pensée très répandue de faire contribuer pour une part l'élection à la formation de la chambre des pairs ou du sénat. Un membre par département, choisi à vie dans ou par le conseil-général, serait un élément très convenable d'une sorte d'assemblée dont il serait bon de diversifier l'origine. En touchant ainsi par le sommet à la politique, le conseil-général ne deviendrait pas une assemblée politique, mais les départements se sentiraient moins étrangers au gouvernement.

Les conseils municipaux n'ont pas une aussi bonne renommée que les conseils-généraux, et on comprend que trente ou quarante mille administrations ne peuvent toutes passer pour des modèles. On a pourtant fort exagéré les reproches, et lorsqu'en 1830 le principe de l'élection pénétra dans la municipalité, l'amélioration fut sensible sous le rapport de l'activité et de la résolution. L'initiative locale se montra. Une grande difficulté n'en subsiste pas moins : celle de respecter la spontanéité, la liberté des communes, les plus réelles, les plus historiques de ces personnes civiles que la loi reconnaît, et de régulariser ou même de stimuler leur action, qui n'est pas toujours éclairée ni vive. Tantôt leur prodigalité, tantôt leur parcimonie est à craindre. Enfin les dissensions locales, quoique moins âpres et moins fâcheuses qu'on ne prétend, peuvent tantôt égarer, tantôt paralyser l'ardeur d'un maire passionné ou timide. Que veut-on ? Toute liberté coûte, et si le ciel ne l'eût donnée à l'homme, le péché n'existerait pas. Le point précis à saisir est celui où des abus tolérables ne sont plus compensés par des avantages réels. Dans ses rapports avec l'administration municipale, le gouvernement pourrait se borner à deux choses, tout savoir, quelquefois empêcher ; mais on ne peut se dissimuler que la tendance de la civilisation moderne n'est pas très favorable à la liberté communale. En résumé, là comme ailleurs, la centralisation, le gros de la centralisation restera.

C'est donc moins à la supprimer qu'à la tempérer par d'autres garanties qu'il faut tendre, et M. Dupont-White nous y aidera. On sera peut-être surpris du remède qu'il va chercher à la centralisation dans la centralisation même ; mais il faut savoir que de tous les reproches qu'on lui adresse, le seul qui paraisse le toucher sérieusement, c'est qu'elle facilite les révolutions. Où trône-t-elle en effet ? Dans les capitales. C'est l'existence des capitales, c'est leur importance qui favorise et motive la centralisation. En France, Paris en est la cause aussi bien que le siège. Il centralise la France pour son compte en même temps que le pouvoir se centralise pour lui. Satisfaire Paris, contenir Paris, là souvent a été toute la difficulté de la politique. L'influence de l'esprit, des lumières, des lettres, naît et prévaut surtout à Paris. Paris est le lieu des révolutions. Augmentez et légalisez sa puissance, et vous aurez élevé le plus fort obstacle à l'arbitraire d'un gouvernement centralisé. Vous aurez créé et armé la véritable aristocratie de la France. Vous aurez dispensé Paris de faire des révolutions, car il sera le maître. Supposez que Paris eût quarante-cinq députés en 1848, il n'y avait pas de 24 février.

Tel est le remède un peu homœopathique qui nous est proposé. Il n'accommodera guère ceux qui grondent de voir les départements traînés à la remorque de la capitale, et il y a grande apparence qu'ils y verront un nouvel échantillon de ce genre de libéralisme qui préfère le progrès à la liberté. Une école puissante en France pour-

Section V

rait en effet être caractérisée par ces derniers mots, et je ne sais si l'écrivain que nous avons tant cité n'en est pas un des plus redoutables représentants, d'autant plus redoutable qu'il se défend avec une louable énergie des entraînements auxquels elle a quelquefois cédé. Nous aimons mieux nous attacher à ce vieux système de garanties qu'il est du reste loin de repousser, et qui ne pourra être jugé insuffisant qu'après une expérience franche et décisive. Regardant comme accordé qu'il y aura toujours beaucoup de centralisation en France, et que la tendance de tout gouvernement même libre est centralisatrice, nous persistons à croire que les modérateurs de ce mouvement dans ses excès et ses écarts sont le contrôle par la discussion publique et universelle dans les chambres, le contrôle également universel par la presse, le concours de l'élément électif ou représentatif à tous les degrés, état, département, commune. Le jury tient quelque chose du même rôle auprès du pouvoir judiciaire, et la garde nationale auprès de la force publique. Nous y ajouterons la responsabilité effective du pouvoir dans toute la hiérarchie, et la libre concurrence de l'action privée ou de l'association particulière partout où elle est possible, par exemple dans l'instruction publique, dans l'assistance publique, dans le service de la viabilité et des transports, dans certaines mesures de police municipale qui intéressent l'assainissement, la salubrité, la sûreté, etc. Ce ne sont pas là de grandes nouveautés, bien que quelques-unes n'aient eu souvent parmi nous qu'une existence nominale. Aucune cependant ne peut être efficace que par la volonté d'en user les organes ne valent que par l'âme qui en dispose. Jamais au fond ce ne sont les armes légales qui ont manqué, soit au pouvoir, soit à la société pour se défendre. C'est à l'esprit qui l'anime plus encore qu'à ses institutions qu'un peuple doit tout ce qu'il est et tout ce qu'il vaut. Les institutions donnent aux nations la liberté, mais non la volonté ; c'est aux nations de vouloir.

ISBN : 978-1544642994

Charles de Rémusat

www.ingramcontent.com/pod-product-compliance
Lightning Source LLC
Chambersburg PA
CBHW072121280526
45788CB00006B/2583